동양상담학 시리즈 ⑭

신사임당과 상담

권정현 · 박성희 저

Oriental Counseling Series

학지사

동양상담학 시리즈를 펴내며

    돌이켜보면 참 오랫동안 한국상담 또는 동양상담에 대한 연구와 논의의 필요성을 느껴 왔다.

    처음 상담계에 입문할 때에는 그저 서양에서 들어온 지식을 열심히 섭취하여 상담을 잘하기만 하면 그만이라고 생각했다. 상담의 발상지가 서양이니까 그렇게 하는 게 하나 이상할 것도 없고, 또 상담계에 종사하는 모든 사람이 그렇게 하니까 아무런 의구심이 들지 않았다. 하지만 시간이 지나면서 조금씩 내가 하는 일에 무엇인가가 빠져 있다는 사실을 눈치 채기 시작했다. 서양 사람들에게서 뽑아 낸 상담 지식을 한국 사람에게 그대로 적용하는 데 무리가 있다는 점을 알게 된 것이다. 그러니까 그때까지 나는 한국 사람을 미국 사람 대하듯 상담해 왔다. 이런 사실을 알게 되면서 내심 무척 당황하고 부끄러웠다. 한국 사람과 미국 사람이 모든 점에서 똑같다면 모르되, 그렇지 않다면 맞지 않는 옷을 어색하게 입히려는 우스꽝스런 짓을 하고 있었던 셈이다.

이때부터 나의 고민은 시작되었다. 어떻게 하면 한국 사람에게 어울리는 상담을 할 수 있을까? 어떻게 하면 한국 사람에게 적합한 상담 지식을 찾아내고 이를 체계적으로 정리할 수 있을까? 어떻게 하면 한국적 문화와 역사와 전통을 반영한 상담 이론을 구성할 수 있을까? 이런 고민 끝에 한국인의 일상생활에 스며 있는 삶에 대한 철학과 사상과 문화적 전통을 뒤져 보자는 생각을 하게 되었다. 이렇게 해서 이 책에 실린 원고들을 하나씩 쓰기 시작하였다. 이때 우연히 이웃나라 일본의 상담학자들도 일찌감치 나와 같은 고민을 하며 일본식 상담을 개발하였다는 사실을 접할 수 있었다. 모리타 상담과 나이칸 상담은 그들의 치열한 문제의식이 잉태한 일본식 상담론으로서 우리가 한 번쯤 살펴볼 만한 가치가 있다. 이 책의 제목을 한국상담이 아니라 동양상담이라고 붙인 것은 일본상담이 포함되었기 때문이기도 하고, 동양사회를 관통하고 있는 유·불·도 삼가의 사상이 주요 주제로 다루어지고 있기 때문이기도 하다.

　처음 이 원고 집필을 시작할 때는 한 권의 단행본으로 출판하려고 하였다. 그러나 작업을 하다보니 앞으로도 이런 작업이 끝없이 이어져야 할 거라는 생각, 그리고 연구가 완성될 때까지 오래 기다리기보다 그때그때 신속하게 연구 결과를 보고하는 편이 나을 거라는 생각이 들었다. 이 시리즈의 첫 원고가 이미 5년 전에 탈고되었다는 점이 이런 생각을 굳히게 했다. 앞으로

이 시리즈가 계속되기를 기대한다. 필자 역시 이 작업을 계속하겠지만, 한국상담과 동양상담에 관심 있는 상담학도라면 그 누구라도 이 작업을 이어갈 자격이 있다. 그리하여 앞으로 100권, 200권을 넘어서기까지 이 시리즈가 쌓여 가기 바란다. 감히 말하건대, 이 시리즈 목록의 길이는 한국상담의 성숙도를 보여 주는 바로미터가 될 것이다.

필자는 상담을 전공하는 후학들이 '우리와 우리 것'에 대해 관심 가지기를 간절하게 바란다. 원고를 쓰면서 우리 역사, 사상, 철학, 문화 속에 상담 정신이 깃든 자료가 그렇게 풍부하다는 데 정말 놀랐다. 그럼에도 불구하고 이들이 상담학도들의 눈에 띄지 않았다는 사실이 참 이상하다. 다소 늦기는 했지만 이 자료들을 정리하여 현대 상담 속으로 끌어들일 때가 되었다. 외국으로부터 배울 것은 배우되, 온고지신하는 마음으로 우리 것을 품어서 한국상담학을 정립해 가는 창조적인 작업에 모두 동참하자.

이 작업을 시리즈로 기획하자고 제안하신 김진환 사장님 그리고 상담에 대한 깊은 애정을 가지고 정말 꼼꼼하게 교정과 편집 책임을 맡아 주신 최임배 부사장님에게 감사의 말씀을 드린다. 앞으로도 좋은 상담 책을 많이 출판하셔서 한국상담계의 발전에 큰 몫을 담당해 주시기 바란다.

청주 원봉산 자락에서,
박성희

머리말

신사임당은 우리 역사에서 존경받는 어머니이자 이상적인 여성상으로서 첫손가락에 꼽히는 분이다. 2009년도에 발행한 우리나라 최고액권 5만 원에 도안 인물로 등장할 정도로 신사임당에 대한 세인의 존경은 드높다. 일곱 자녀의 어머니로서, 한 남자의 부인으로서, 그리고 한 집안의 며느리로서 흠잡을 데 없는 삶을 살았을 뿐 아니라 조선이라는 남성 중심의 가부장적 사회에서 꿋꿋하게 자기 삶을 개척하여 학문과 예술에서도 일가를 이룬 여성이라는 점이 그 이유일 것이다. 여성의 지위가 날로 높아지는 현대사회에서도 감당하기 힘든 슈퍼우먼의 역할을 그 시대에 해 냈다는 것이 그야말로 놀라울 뿐이다.

하지만 존경과 감탄만 하고 있을 수는 없다. 우리가

존경과 감탄의 시선으로 바라보는 그 분의 삶이 어떻게 전개되었는지 차분히 더듬어보고 그 원리와 방법을 우리 삶에 적용할 수 있다면 우리 역시 그녀처럼 존경받는 삶을 실현할 수 있을 것이다.

신사임당은 어떻게 살았기에 자신의 잠재력을 충분히 실현했을까? 그녀는 아내와 어머니로서 가족들의 자아실현에 어떻게 도움을 줄 수 있었을까? 그녀는 공부에 성실하지 못한 남편을 어떻게 이끌었을까? 그녀는 어떻게 했기에 율곡이라는 대학자요, 정치가를 키울 수 있었을까? 도대체 그녀는 어떻게 위아래를 통합하여 온 가족이 화목한 가정을 이끌 수 있었을까? 이런 질문을 던지며 신사임당의 삶을 꼼꼼히 들여다보면 현대를 사는 우리에게 도움이 될 삶의 원리와 전략을 찾아낼 수 있을 것이라는 소망을 가지고 이 연구는 시작되었다.

신사임당이 그런 것처럼 우리 역사에는 훌륭한 삶의 본을 보여 주는 분들이 수없이 많다. 우리는 그들을 단지 역사 속의 인물이 아니라 우리에게 좋은 삶을 가르

쳐주는 스승이요, 선배로서 귀감을 삼을 수 있다. 특히 '돈'을 정점에 올려놓고 모든 것을 수단으로 전락시켜 버린 현대사회에서 사람의 가치와 사람들 사이의 '관계'에 대해 남다른 통찰과 혜안을 보여 주는 그분들의 삶의 지혜를 배워야 한다. 살아가는 시대가 다르고 문화가 다를지라도 사람이기 때문에 같을 수밖에 없는 '본질'은 늘 남아 있기 때문이다.

상담은 다른 사람들에게 도움을 주는 과정이요, 활동이다. 이 상담이 다른 이에게 도움을 주는 내용과 방식은 매우 다양하다. 상담학도들은 사람들의 삶에 도움이 될 원리와 방법을 부지런히 찾아다닐 필요가 있다. 누차 말하지만, 우리가 존경하는 조상의 삶은 도움의 원리와 방법을 담은 풍부한 광맥이다. 이제 한국의 상담학도들이 이를 열심히 찾아 현대화하는 작업에 박차를 가하길 바란다. 그 작업의 하나로 신사임당에 관한 글을 내놓는다.

저자 일동

차 례

1

왜 신사임당인가

학교 현장에서 교사라는 직업을 가지고 아이들과 지내다보면 사회에서 학교를 바라보는 다양한 시각을 몸소 느끼게 된다. 교사들은 교육정책의 영향 아래 아이들과 교실을 만들어 간다. 다문화 교육, 스마트 교육, 교육 정보화, 협동학습, 진로교육, 장애이해교육, 안전교육 등 우리 교육정책에는 시대의 흐름과 새로운 방향이 제시되기도 하고 심지어 그것이 교육의 정답인 양 여겨시기도 한다.

수많은 교육정책 속에서 우리가 흔들리지 않고 강조하는 교육의 두 흐름이 있다. 하나는 지식교육이고 다른 하나는 인성교육이다. 학교 현장의 교사들이나 교육에 관심 있는 사람들은 인성교육과 지식교육을 서로 대립되는 개념으로 보기도 한다. 혹자는 지식교육의 강조와 현행 입시제도의 틀로 인한 학업 스트레스가 학생들의 인성을 피폐화시키며 동시에 경쟁 위주의 교육 형태가 학생들의 감정을 메마르게 한다고 주장한다 (이금종, 1999, p. 17). 현재 학교 현장은 교육의 대부분을 지식 전달에 할애함으로써 인성교육은 엄두도 내지 못하는 형편이라는 지적도 있다. 그리하여 교육을 하면 할수록 아이들의 인성이 메마르고 뒤틀려가는 이상한 현상이 발견된다는 것이다.

현대의 가정은 전통 가정과 달리 사회적 기능을 수행할 능력이 약화되어 가는 것이 사실이지만, 여전히 자녀의 사회적 성장에 중요한 토대를 제공하고 있다. 가정에서 인성교육의 기초가 다져지면 아동은 자연스럽게 사회가 요구하는 도덕 및 윤리와 조화를 이루는 사회적 능력을 신장시킬 수 있다. 따라서 현대 가정이 수행할 인성교육은 새로운 시민사회, 산업사회에 필요한 것이어야 하며 부모는 민주적 교육 방법으로 학교와 사회와의 연계 속에서 자녀를 지도하여 자녀가 스스로 깨닫고 자아를 확립하도록 하여야 한다(이금종, 1999, p. 7).

가정에서의 인성교육 기능의 약화는 다른 인성교육을 실시하는 기관이 필요함을 의미하지만 교육기관인 학교 역시 그 기능을 온전히 수행하지 못하고 있다. 앞에서도 언급했지만 한국의 교육은 경쟁을 바탕으로 하는 지식 위주의 교육에 많은 시간과 에너지를 쏟고 있다. 정말 인성교육과 지식교육은 양립할 수 없는 것일까? 바른 인성을 갖추면서 동시에 세상에 대한 많은 지식을 갖추고, 남을 이기는 경쟁이 아니라 스스로를 확장해 가는 성숙한 인간을 만드는 교육은 불가능한 것일까?

그 해답은 바로 우리 역사 속 인물에서 찾을 수 있다. 우리의 역사 속에서 바른 인성을 세우면서 지식을 학습할 수 있게 이끌었던 인물에 대한 탐구가 그것이다. 인간이 집단을 이루면서 누군가에게 배워 자신의 삶을 영유하는 존재이고 도덕적 측면과 더불어 지적 측면을 모두 배워야 한다면 분명 두 영역은 충돌하는 것이 아닌 상호 발전적 영향을 미칠 수 있는 부분이 존재할 것이다. 우리는 그 가능성을 우리 역사 속 과거 인물 속에서 찾아볼 수 있으리라고 희망한다. 과연 어떤 인물이 인성과 지성을 동시에 갖추는 역할을 해 왔을까?

여러 인물이 제기될 수 있으나 이 글에서는 우리 역사 속 최고의 어머니상으로 꼽히는 신사임당에 대해서 살펴보고자 한다. 신사임당은 우리나라 최고 고액권에 등장하는 인물이 된 것 하나로도 그 인물됨을 유추할 수 있다. 여성에 대한 사회적 차별이 극심했던 시대적 배경을 이겨내고 글이나 그림에서 뛰어난 업적을 남겼을 뿐 아니라, 조선 전기 최고의 정치가이자 학자 중 하나였던 율곡 이이의 어머니로서 많은 사람의 추앙을 받고 있는 인물이라면 우리의 물음에 답을 제시할 수 있을 것이다.

이 글은 인성교육과 지성교육을 성공적으로 이끈 사

임당의 삶을 조명해 봄으로써 사임당이 실행해 왔던 상담이론과 상담 기법을 추출해 보려고 한다. 신사임당의 삶을 통해 살펴본 상담학적 요소가 인간의 성숙과 발전에 미치는 시사점을 찾고자 하는 것이다. 이를 통해 상담학의 영역을 넓히고, 한국인에게 보다 적합한 상담이론을 구축하는 데 한 걸음 더 나아가기를 기대한다.

2

신사임당의 삶

신사임당의 자녀 교육 과정에서 어떤 상담학적 이론
과 기법들이 녹아나고 있는지 알기 위해서는 무엇보다
신사임당의 전 생애를 간략하게나마 살펴볼 필요가 있
다. 이를 위해 신사임당 전기문 한 권[1]과 네 편의 논문
자료[2]를 참고하였다.

---

1) 장정예(2009). 신사임당. 서울: 파랑새.
2) 손인수(1997). 신사임당과 율곡의 교육윤리관. 율곡연구원, **율곡사상
연구**, 3권, pp. 325-345.
    손인수(1976). 신사임당의 생애와 교훈. 한국교원대학교.
    정문교(1995). 신사임당의 생애와 유훈. 율곡연구원, **율곡학보**, 1권,
    pp. 69-84.

신사임당은 조선 연산군 10년 서기 1504년 음력 10월 29일 오늘날 강릉 경포대 인근의 북평 마을에서 태어났다. 신사임당이 태어난 집안은 대대손손 명맥이 두터운 집안이었다. 한 인간이 성장하는 데 조상과 가족을 살펴보는 것은 그 사람의 성장 배경을 알 수 있는 단서가 된다. 신사임당의 아버지 신명화는 조선 태조 때 개국공신이던 장절공 숭겸의 18세손이며, 조선시대 좌의정의 증손자였다. 또한 대사성 자승의 손자였고 영월군수 숙권의 아들이었다. 신명화의 아내이며 신사임당의 어머니였던 이씨 부인 역시 증조부는 삼수군수를 지낸 유약이며, 조부는 전라도 병마우후를 지낸 익달이었고, 아버지는 생원으로 벼슬을 하지 않은 사온이었다. 신사임당이 태어난 곳도 바로 어머니 이씨의 친정인 이사온의 집이었다. 신사임당의 친정이며 율곡이이의 어린 시절이 녹아 있던 외가의 너른 뒤뜰에는 대나무가 빽빽했다. 검은 빛을 띠어 오죽, 검은 대나무

천화숙(2006). 조선시대 여성들의 삶과 신사임당. 역사실학회, **실학사상연구**, 31권, pp. 153-176.

라 하였다. 뒷날 사람들이 바로 이곳을 오죽헌이라 부르게 된 연유다.

신사임당의 어머니 이씨는 출가 후에도 계속 친정에 머물러 살았기 때문에 사임당의 어린 시절은 지금의 오죽헌인 강릉 북평 마을의 외가에서 대부분 보내게 되었다. 신사임당은 어린 시절 스스로 사물과 동물을 관찰하며 그림을 배우기 시작하였다. 세종 때 유명하던 화가 안견의 그림을 따라 그리며 그림 공부에 열중하였다. 그림 공부에 이어 아버지와 외조부의 도움으로 글공부에도 전념하여 학문적 소양을 쌓았다. 신사임당의 예술적·학문적 재능은 후에 자녀들을 교육하는 데 큰 자산이 되었다. 사임당의 재능을 살펴볼 수 있는 신사임당의 시(詩)는 현재 2편의 시문과 1편의 낙귀가 전해 오고 있다. 이 시들은 오늘날 교과서에도 실리는 등 예술성을 인정받고 있다. 시의 내용에 대해서는 뒷부분에서 좀 더 자세히 언급하겠다.

신사임당의 글씨 역시 고상한 정신과 기백으로 많은 사람에게 칭송을 받고 있다. 신사임당의 글씨로 남아 있는 것은 해서와 초서 각각 한 편과 초서 6폭 병풍, 4자의 전서가 남아 있다. 신사임당의 그림은 5만 원 화폐의 뒷면을 장식하여 우리에게 매우 익숙하다. 신사임당은 풀과 벌레들을 주로 그렸는데, 어렸을 때부터 주변의 생물을 자세히 관찰하는 능력이 뛰어났다. 지금까지 남아 있는 작품으로는 풀벌레 22점, 포도 3점, 화조도 2점, 화조어죽 4점, 매화 14점, 자수초충도 8점 등이다.

신사임당의 그림과 관련해서는 많은 일화가 내려오는데, 그중 오죽헌에 보관 중인 풀벌레 그림에는 재미있는 이야기가 함께 전해진다. 그림을 보관하던 분이 햇볕을 쏘이려고 마당에 펼쳐 두었더니 닭이 진짜 벌레인줄 알고 쪼았다는 것이다. 지금도 그림의 아래쪽 벌레가 있던 자리에 닭이 쪼아 생긴 구멍이 그대로 있다고 한다. 그만큼 그림이 실제 곤충과 매우 흡사하다는 것이다. 조선 명종 때의 어숙권은 『패관잡기(稗官雜記)』라는 책을 통해 "신사임당은 어려서부터 그림 공부를 하였는데, 그녀의 포도와 산수는 절묘하여 평하는 이들이 세종 때 안견에 다음 간다고들 한다."라고 말하고 있다.

사임당의 학문에 대한 열정과 자신의 삶에 대한 자부심은 어린 나이에 스스로의 호를 지은 이야기에서도 알 수 있다. 여러 서적을 통해 옛 위인들의 모습을 본받고자 했던 사임당은 글을 쓰거나 그림을 그린 뒤 낙관을 하기 위해 호가 필요함을 느꼈다. 스스로 고민하던 중 '사임당(師任堂)'이라 호를 지었다. 사임당이라는 뜻은 옛날 주나라 문왕의 어머니인 태임(太任) 부인을 본받는다는 뜻이었다. 태임 부인은 주나라 문왕을 잉태했을 때 눈으로 좋지 않은 것을 보지 않았으며, 귀로 좋지 않은 말을 듣지도, 입으로 말하지도 않았다고 한다. 그만큼 아직 태어나지 않은 생명일지라도 소중히 여기었고, 후대에 길이 남길 왕을 키워내게 되었다. 우리 역사 속 위대한 위인을 키워내는 분은 바로 위대한 어머니가 있었기 때문이다. 이를 간파한 사임당은 위대한 어머니가 되고자 스스로 호를 지었으며 우리 역사 속 가장 위대한 어머니 중 한 분이 되었다.

학문에 대한 호기심과 그림과 글에 대한 열정으로 성장하던 사임당에게도 많은 시련이 따랐다. 그중 한 가지 사건을 살펴보면 사임당이 아내의 덕과 어머니의 인자함을 자신의 어머니에게 배웠음을 알 수 있을 것이다. 친정에서 어머니와 아버지를 모시고 살던 사임당의 어머니 이씨 부인은 어머니(사임당의 외할머니)가 위독하다는 것을 알고, 서울에 따로 기거하던 남편인 신명화(사임당의 아버지)에게 전갈을 전하였다. 하지만 남편에게서는 어떤 편지도 오지 않은 채 결국 이씨 부인의 어머니이자 사임당의 외할머니이며 신명화의 장모는 세상을 떠나고 말았다. 장모의 장례날이 되어도 신명화는 나타나지 않았다. 남편의 소식이 강릉 땅 북평 마을에 전해진 것은 장모의 삼우제(장사를 치르고 나서 세 번째 지내는 제사)를 지내고도 며칠이 더 지나서였다. 신명화가 늦었던 이유는 서둘러 서울에서 강릉까지 사백리 길을 떠났다가 늦은 겨울 추위에 피를 토하며 쓰러졌기 때문이다. 그 후 신명화는 들것에 실려 집으로 옮겨와 핏덩이를 토하며 날이 갈수록 병세가

악화되었다. 이씨 부인은 어머니를 잃고 또 남편을 잃을 것을 생각하니 하늘이 무심하였다. 이씨 부인은 은장도를 가슴에 품은 채 외증조 할아버지의 무덤을 찾았다. 이씨 부인은 하늘과 조상들을 향해 연신 기도를 하고는 은장도로 자신의 두 손가락을 잘라내었다. 잘라진 손마디에서 끊임없이 피가 솟구쳐 떨어져 치맛자락을 흥건히 적시고 있었다. 그때 하늘에 먹구름이 잔뜩 끼더니 천둥과 번개가 치다 금세 맑아졌다고 한다.

이씨 부인이 집안에 다시 돌아왔을 때 사임당은 여전히 아버지의 곁에서 간호를 하며 아버지가 나아지기만을 기도하고 있었다. 갑자기 아버지인 신명화가 중얼거리기 시작했고, 다음날 맑은 햇살이 비치자 씻은 듯이 병이 나았다고 한다. 이씨 부인의 이 이야기는 입에서 입으로 전해져 중종 임금의 귀에까지 들어가게 되었다. 뒷날 이씨 부인은 이 일로 큰 상을 받았고, 마을에는 열녀정각이 세워졌다. 이씨 부인은 하늘을 감동시키는 아내의 모습과 사랑하는 사람을 위해 진정 희생하는 한 사람의 모습을 오늘을 사는 사람들에게 보여 주고 있다. 한 사람을 향한 진정성 있는 태도와 끝없는 희생의 모습은 훗날 사임당이 아내가 되고, 어머니가 되는 데 큰 교훈이 되었다.

사임당의 나이는 어느덧 열아홉 살이었다. 당시로는 이미 시집갈 나이를 훌쩍 넘기고 있는 나이였다. 사임당의 아버지 신명화는 사임당의 재능을 아까워하며 사임당을 아껴 곁에 두고 싶어 하였다. 이씨 부인은 남편의 마음을 잘 알고 있었으나 맏딸인 사임당 아래로 여동생만 셋이 있었고, 이미 셋째도 결혼할 나이가 다 되었기에 남편을 설득할 수밖에 없었다. 그러던 중 '이원수' 라는 선비가 신명화의 눈에 띄었다. 이원수는 뼈대 있는 집안의 자손으로 학문이 아주 높아 보이지는 않았으나 글공부를 하고 있는 선비였고, 인물도 말끔한 데다 예의를 갖출 줄 알고 예술적 안목도 어느 정도 갖추고 있었다.

마침내 1522년 스물두 살의 신랑과 열아홉 살의 신부는 부부가 되었다. 결혼 후 아들이 없던 신명화는 사임당을 더 곁에 두고 싶어 하였다. 신명화는 사위 이원수에게 딸이 강릉 북평 마을에 계속 머물렀으면 좋겠다고 의중을 밝혔다. 사임당의 학문과 글, 그림 솜씨를 익히 알고 있던 이원수는 아버지 곁에서 자신이 하고 싶은 것을 할 수 있도록 승낙하였다. 이원수는 당시 양반들과는 달리 여자를 업신여기거나 낮추어 보지 않았고, 사임당의 생각과 재능을 존중하였다. 이원수 역시 어려서 아버지를 잃고 줄곧 어머니를 모시고 살면서 글공부에 전념하지 못하였다고 말하며 결혼 후 학문에만 전념할 것이라고 다짐하였다. 두 부부는 서로의 삶을 존중하며 헤어져 살게 되었다. 남편 이원수는 한양에서, 아내 사임당은 강릉 북평 마을에서, 어머니 이씨 부인과 아버지 신명화가 그러했던 것처럼 서로 떨어져 살게 되었다.

사임당과 남편 이원수는 떨어져 살았지만 서로를 그리워하며 하루하루를 보냈다. 사임당은 글을 읽고 그림을 그리며 집안일을 거들며 일상을 보냈다. 그와 달리 십 년 공부를 결심한 이원수는 아내에 대한 연정으로 몇 번이나 돌아오기를 반복하였다. 그런 남편을 볼 때면 사임당은 그 마음을 이해하면서도 속상한 마음 또한 감출 수가 없었다. 그러던 중 아버지 신명화가 세상을 등지자 삼년상을 치르고, 한양에 남편과 단 둘이 살고 있는 시어머니 걱정에 시댁 살림을 시작하게 되었다. 사임당은 총명함과 효행의 실천으로 시어머니와 금세 친근해졌다. 남편 이원수는 사임당의 재주와 사람됨을 항상 자랑하고 다녔다. 그런 남편을 볼 때면 사임당은 참으로 난처해하곤 하였다.

시집에서 남편과 시어머니를 모시고 살던 사임당은 첫 아들을 출산하였다. 손이 귀한 집안이었기에 그 기쁨은 이루 말할 수가 없었다. 시댁 살림을 하며 아이를 키우는 것이 여간 힘든 일이 아니었으나 사임당은 잠시도 글 읽기며, 그림 그리기를 소홀히 하지 않았다. 낮에 시간에 없으면 밤에 작은 등불에 기대 자신이 해야 할 일을 조용히 해 나갔다. 그 모습을 보면서 남편은 부인의 건강을 걱정하였고, 시어머니는 며느리의 모습을 닮아보라고 아들을 혼내기도 하였다. 사임당은 시댁 생활을 하면서도 여전히 고향인 북평을 그리워하였다. 그런 사임당의 모습이 안쓰러웠는지 시어머니와 남편은 서울 인근의 파주 땅 율곡리로 이사를 하였다.

그렇게 몇 년이 지나고 사임당은 둘째 아이인 딸 매창을 낳았다. 매창은 어머니 사임당의 여러 구석을 닮아 손재주가 뛰어났으며 여러 사람을 아우르는 능력이 있었다. 또 몇 년 후 사임당은 바다에서 솟아오르는 용의 꿈을 꾸고 임신을 하여 셋째 아들인 율곡을 낳았다. 매창과 셋째 아들 율곡은 글을 읽고 쓰는 능력이 뛰어나 많은 사람을 기쁘게 하였다. 율곡이 열세 살 되던 해에 나라에서 시행하는 과거에 합격하였다. 사임당은 홀로 눈물을 숨길 뿐이었다. 뒤늦게 과거에 급제했지만 조정의 어지러움으로 평생 벼슬을 멀리했던 아버지, 말로는 큰소리치지만 야물게 학문에 정진하지 못했던 남편의 모습에 항상 조선시대 여성으로서 뒤에서 말없이 걱정을 삭이고 있었다. 사임당은 차례로 아이를 출산하여 자녀가 일곱이 되었다. 세월은 유수같이 흘러 맏딸 매창은 시집을 가게 되었고, 사임당의 어머니 역시 세상을 등지게 되었다. 삶의 기쁨과 슬픔이 교차되며 사임당은 어느새 노인이 되어 가고 있었다.

경제적 능력도 없고 집안 살림에는 무관심하던 남편 이원수가 명종 5년 1550년 수운판관이라는 종5품의 벼슬을 하게 되었다. 매우 놀라운 일이 아닐 수 없었다. 이 당시 이원수의 나이는 쉰이었고, 사임당은 어느덧 마흔일곱 살이었다. 사임당은 남편이 평생 바라던 벼슬을 하게 된 것에 매우 기뻐하였다. 남편 이원수의 벼슬 수운판관은 집에 머무는 날보다 다른 지역을 돌아다니는 날이 많았다. 사임당 홀로 집안일을 보며 아이 일곱을 뒷바라지 하는 것은 여간 힘든 일이 아니었다. 더구나 가정에 머무는 여인임에도 학문, 그림, 글쓰기 등 자신의 일을 소홀히 하지 않아 피곤함이 쌓여만 갔다. 결국 사임당은 자리에 눕게 되었다. 맏아들 선과 셋째 아들 율곡은 평안도로 백성의 세금을 걷으러 간 아버지에게 이 소식을 전하고 급하게 모셔오고자 길을 떠났다. 그러나 사임당은 남편과 두 아들이 돌아오기 전 죽음을 맞이하였다. 1551년(명종 6년) 5월 17일 새벽녘 두 아들과 세 딸이 지켜보는 가운데 세상을 등지고 말았다.

　우리나라 역사 속 가장 현명한 어머니이자 어진 아
내였고, 어려운 시대 상황에서도 예술과 학문의 열정
을 지니고 살았던 한 여인이 마흔여덟의 일기로 삶을
마쳤다.

3

신사임당의 삶의 원리

신사임당의 삶을 자세히 살펴보면, 신사임당이 어머
니와 아버지, 시어머니와 남편, 자녀들을 대하던 진실된
모습을 알아차릴 수 있다. 신사임당의 삶의 모습 중에는
바람직한 삶의 원리는 물론 사람들을 변화시키기 위한
구체적인 원리와 전략이 들어 있다. 글쓴이는 이러한 원
리와 전략을 파악하기 위해 신사임당의 위인전뿐만 아
니라 몇 가지 서적의 내용을 함께 분석하였다. 위인전의
내용을 뼈대로 하여 노유진(2009)의 『신사임당의 어머
니 리더십』, 안영(2008)의 『대한민국 여성 No. 1 신사임
당』은 삶의 원리와 전략을 파악하는 데 많은 도움을 주

었다. 또한 몇 개의 논문에서는 신사임당의 삶에서 우리가 배울 만한 삶의 원리를 추출할 수 있었다. 참고 논문은 정문교(1995)의 「신사임당의 생애와 유훈」, 천화숙(2006)의 「조선시대 여성들의 삶과 신사임당」, 손인수(1997)의 「신사임당과 율곡의 교육윤리관」, 이은선(2005)의 「페미니즘 시대에 신사임당 새로 보기」 김명기(1999)의 「허난설헌과 신사임당의 모성성 연구」로, 기존에 신사임당에 대해 연구한 자료를 최대한 참고하여 활용하고자 노력하였다.

1. 신사임당의 삶의 원리

1) 효(孝)의 실천

조선시대에도 그랬거니와 오늘날 사람들에게 신사임당의 삶이 주는 가장 큰 교훈은 바로 효의 실천이다. 사임당은 어머니를 그리는 효심이 매우 지극하였으며, 친정어머니뿐만 아니라 외조부모와 친정아버지를 생각하는 마음 역시 극진하였다. 시집간 이후로는 시어머니에 대한 사랑 역시 매우 컸다고 한다.

　사임당은 결혼 초기에는 남편과 따로 떨어져 살면서 친정에서 부모님을 모시며 살았으나 홀로 계신 시어머니의 생활이 안쓰러워 서울로 거처를 옮긴다. 시어머니를 위해 강릉에서 서울까지 걸어가 시집살이를 시작하였으나 아버지가 돌아가시고 강릉에 홀로 계시는 친정어머니를 항상 그리워하였다. 율곡 선생의 「선비행장(先妣行狀)」에는 이런 글이 있다.

　　"어머님께서는 평소에 늘 강릉 친정을 그리며 깊은 밤 사람들이 조용해지면 반드시 눈물을 흘리며 우시었고, 그래서 어느 때는 밤을 꼬박 새우시기도 했다." 또 "어느 때는 친척되는 沈公의 집 노비가 와서 거문고를 타는 일이 있었는데 그때 어머님께서 그 곡조를 듣고 감회가 일어 눈물을 지으시니 온 집안 사람들이 모두 따라 슬픈 생각에 잠겼었다[율곡,「선비행장(先妣行狀)」]."

　이처럼 율곡의 글에도 친정어머니를 그리워하는 사

임당의 마음이 잘 나타나 있다. 사임당 자신의 시에서
도 역시 친정어머니를 그리워하는 내용을 찾아볼 수
있다. 다음 시는 율곡이 지은 어머님 행장에 있는 시
로, 사임당이 강릉을 떠나 서울로 향하면서 대관령에
올라 어머님이 계신 북평 마을을 바라보며 지은 시라
고 전한다.

       踰大關嶺望親庭(유대관령망친정)
       慈親鶴髮在臨瀛(자친학발재임영)
       身向長安獨去情(신향장안독거정)
       回首北村時一望(회수북촌시일망)
       白雲飛下暮山淸(백운비하모산청)

       대관령을 넘으며 친정을 바라보니
       늙으신 어머님을 고향에 두고
       외로이 서울 길로 가는 이 마음
       돌아보니 북촌은 아득도 한데
       흰 구름만 저문 산을 날아 내리네.

       - 율곡의 「어머님 행장」 중에서

이 시를 읽으면 사임당의 학문적 경지를 알 수 있다. 한시를 쓴다는 것은 당시 남성의 전유물처럼 여겨졌기 때문에 많은 여성은 한시를 쓰지 못했는데 사임당은 한시를 쓸 수 있는 것은 물론 글자 수를 정확히 맞추어 완벽한 한시를 지었다. 시의 내용에서 사임당이 얼마나 어머니를 그리워하는지 알 수 있다. 다음 시는 이은상의 「신사임당의 생애와 예술, (1982)」에 있는 시로 사임당의 효심을 잘 느낄 수 있다.

思親(사심)

千里家山萬疊峰(천리가산만첩봉)

歸心長在夢塊中(귀심장재몽괴중)

寒宋亭畔독물月(한송정반독물월)

鏡浦臺前一陣風(경포대전일진풍)

沙上白鷗恒聚散(사상백구항취산)

海門漁艇任西東(해문어정임서동)

河時重踏臨瀛路(하시중답임영로)

更着班衣膝下縫(갱착반의슬하봉)

산 첩첩 내 고향 천리련마는

자나 깨나 꿈속에도 돌아가고파

한송정 가에는 외로이 뜬 달

경포대 앞에는 한 줄기 바람

갈매기는 모래톱에 헤락 모이락

고깃배들 바다 위로 오고 가리니

언제나 강릉길 다시 밟아가

색동옷 입고 앉아 바느질할꼬.

— 이은상의 「신사임당의 생애와 예술」(1982)

이 시에서 사임당은 고향과 자신의 어린 시절에 대한 그리움을 노래하고 있다. 한송정, 경포대, 갈매기, 고깃배 등 고향 강릉에서 자주 보던 풍경을 등장시키며 고향에 대한 그리움을 말하면서 동시에 '외로이 뜬 달' '한 줄기 바람' 등을 통해 현재의 외로움을 드러내고 있다. 서울에서 남편과 자식들과 함께 지내고 있지만 여전히 고향에 계신 어머니 생각하면 외로운 것이고, 그 외로움은 사임당 자신의 것만이 아니라 홀로 계신 어머니의 외로움이기도 한 것이다.

신사임당의 위인전, 율곡의 저서 그리고 사임당의 시를 통해 우리는 사임당의 효심을 충분히 읽을 수 있다. 사임당의 효심은 유교사상이 백성의 삶의 근간이었던 당시 시대상을 반영한 탓도 있겠지만, 그 효심은 남들보다 남다르고 지극하였기에 오늘날까지 전해 내려오는 것이다. 조선시대 현모양처의 기준 중 하나가 바로 효심이었음을 상기한다면 사임당의 효심이 얼마나 지극하였는지 짐작할 수 있을 것이다.

사임당의 가르침으로 말미암아 자녀들은 일찍부터 지극한 효성으로 이름이 전해지는데, 특히 놀라운 것은 율곡이 계모에 대하여 효를 다한 태도다(손인수, 1976). 사임당이 세상을 떠나자 아버지 이원수는 자녀 7남매를 두었지만 혼자 지낼 수 없어 후취 부인으로 권씨를 맞이하였다. 계모인 권씨는 성격이 형언하기 어려울 정도로 포익스러웠으나 자식들은 극진히 효를 다하였다. 정성을 다해 손수 약주를 데워 해장술을 올리기도 하였고, 율곡은 재상이 된 뒤에도 같이 모시며 극진히 대접하였다. 계모 권씨는 그 효심에 감동하여 나중에는 착한 사람으로 변하였다. 율곡은 계모보다 먼저 세상을 떠났는데 계모는 생전에 율곡의 효와 덕을 사모하고 또 그 은혜를 갚겠다고 몸소 3년 동안 율곡의 상에 소복을 입기까지 했다니, 그것은 그들 가정의 아름다운 이야기가 아닐 수 없다(손인수, 1976). 계모에 대한 율곡의 효심 어린 정성과 계모의 마음을 변화시켰던 충심은 오늘날 들어도 감동적인 이야기다. 사임당의 효는 이렇게 자녀에게도 전해져 우리나라의 아름다운 덕목인 효를 더욱 빛나게 하고 있다.

신사임당의 삶 속 효심은 시대 상황을 반영한 것이기도 하지만 무엇보다 인간에 대한 존경과 사랑에서 비롯된 것이다. 자신을 길러 준 부모에 대한 사랑과 정성인 효는 오늘날 우리 사회에 꼭 필요한 덕목이다. 인간으로서 인간을 사랑하는 것은 모든 종교의 최고의 가치로 여겨진다. 인간을 사랑하는 바탕에는 내 부모를 사랑하고 존경하며 그에 맞는 예절을 갖추는 효가 있는 것이다. 우리는 그 효의 가치를 사임당의 삶 속에서 확인할 수 있었다. 사임당의 효는 딸이자 며느리로서 역할을 다하면서도 몸소 실천하여 자녀들의 귀감이 되었던 것이다. 이 덕목은 오늘날 우리에게도 큰 교훈을 주는 사임당의 첫 번째 삶의 원리다.

2) 자기계발을 통한 자아성취

사임당의 삶에서 발견할 수 있는 삶의 원리 중 하나는 자신의 삶을 소중히 여기며 스스로 자신의 삶의 주인으로 살아가는 모습에 있다. 조선시대는 남성중심사회로 남녀차별이 매우 심하였을 뿐만 아니라 시집간 여자가 학문 활동을 지속적으로 하고, 자신의 취미 생활을 즐기는 것은 매우 이례적인 일이었다.

사임당의 자아성취에 대한 열망과 관련한 일화가 있다. 이 일화(안영, 2008)는 비록 한 작가가 각색한 내용이지만 사료에 근거하여 쓴 것이기에 소개한다.

아버지를 여읜 사임당은 어머니 역시 몸이 약해지자 어머니 병수발에 온 힘을 다하였다. 이 모습을 지켜보던 어머니께서는 몸을 가누자마자 사임당에게 한 가지

부탁을 하였다. 그 부탁은 바로 사임당 스스로의 일에 매진하라는 것이었다. 그래서 사임당은 어머니 곁에서 병간호를 하며 자신의 일을 시작하였다. 자신의 일이란 바로 학문을 하고, 글을 쓰며, 그림을 그리는 일이었다. 사임당에게 자신이 좋아하는 일을 한다는 것은 자아성취였으며, 그 자체로 행복이었다.

첫째 아이를 임신한 사임당에게 남편이 매우 기뻐하며 "무엇이든 원하는 것을 말해 보시오. 내가 다 들어주리라."라고 말했을 때 사임당은 오직 한 가지 청을 하였다. 바로 "대장부가 할 일은 단 하나, 학문을 닦아 성인이 되는 것입니다." 사임당은 스스로 공부하는 즐거움을 알았고, 그 즐거움을 남편 역시 알 수 있도록 돕고자 하였다. 사임당은 당시 유교서적을 두루 읽고 학문적 소양을 쌓았으며, 동시에 남편과 자녀들의 공부를 이끄는 역할도 하였다. 자기계발을 통해 자신의 능력을 키우고 주변 사람들에게도 그 길을 갈 수 있도록 안내자 역할을 했던 것이다.

사임당의 자아성취는 학문뿐 아니라 그림 영역에서

도 나타난다. 사임당의 자기계발의 모습은 여성을 폄하하던 조선사회에서도 인정을 받았으며, 오늘날까지 조선시대의 대표적 여류 예술가로 손꼽힌다(정문교, 1995). 사임당의 그림에 대해서는 여러 기록이 있는데, 그중 대표적인 것이 명종 때 어숙권이 기록한 『패관잡기』의 내용이다.

『패관잡기』에는 "신 부인은 어려서부터 그림을 공부했는데 그의 포도와 산수는 절묘하여 평하는 이들이 안견의 다음 간다고 한다. 어찌 부녀자의 그림이라 하여 경홀히 여길 것이며, 또 어찌 부녀자에게 합당한 일이 아니라고 나무랄 수 있느냐."고 기록하고 있다. 사임당의 그림을 조선 최고의 화가라 불리는 안견에 빗대어 표현한 것을 볼 때 그 예술성을 가히 상상할 수 있을 것이다. 사임당은 이처럼 그림에서도 솜씨가 빼어났다. 사임당의 그림은 오늘날 약 53점이 남아 있다. 풀벌레, 포도, 화조, 매화 등 주변에서 볼 수 있는 작은 식물과 곤충들의 그림이 대부분이다.

사임당은 글씨에서도 두각을 드러낸다. 사임당의 글

씨는 고상한 정신과 기백이 들어 있음은 물론 '말발굽 누에머리'라는 체법의 글씨로 알려져 있다(정문교, 1995). 현재 남아 있는 글씨는 해서 한 편과 초서 6폭 병풍, 한 편의 초서와 4자의 전서가 남아 있다. 사임당의 글씨는 당시 유명한 글귀를 적은 것으로 글씨만을 놓고 볼 때 사임당의 글씨 솜씨가 매우 빼어났음을 보여 준다. 사임당은 하나의 글씨체만이 아닌 다양한 글씨체를 쓸 수 있었으며, 평소 글씨 쓰는 연습 역시 많이 하였음을 알 수 있다.

그림과 글씨, 학문에 대한 열정을 통해 사임당은 평생을 자기계발을 위해 노력하는 삶을 살았음을 알 수 있다. 지속적으로 자기계발을 함으로써 자아성취의 기쁨을 누리고, 자신의 삶을 자신의 것으로 만들어 가며 스스로 삶의 주인공으로 살아갔던 것이다. 자신의 삶의 주인이 되어 스스로의 삶을 살아간다는 것은 타인의 삶을 이끄는 상담가에게 매우 중요한 요소가 아닐 수 없다. 자신의 삶을 주체적으로 이끌어 가는 자만이 타인의 삶에 도움을 줄 수 있는 방향을 제시할 수 있기 때문이다.

3) 검소하게 살기

사임당은 양반가의 딸로 태어났으나 그리 부유한 가정에서 자란 것은 아니었다. 사임당의 친정도 그랬거니와 시집을 간 후 시댁 살림은 더 여유가 없었다. 사임당의 친정은 강릉 북평 마을의 뼈대 있는 집안이었으나 아버지는 벼슬길에 나가지 않고 선비의 삶을 지키며 사는 분이셨다. 조선 전기 선비의 삶은 매우 검소하였으며 사임당의 친정 역시 검소함을 실천하고 있었다. 그나마 다행인 것은 사임당이 집안일을 도우면서 아버지의 배려로 그림과 글씨를 배울 수 있었고, 학문을 깨우칠 수 있었다는 것이다.

사임당은 결혼 후 거의 10여 년의 친정 생활 후 시어머니의 부름을 받고 다시 시댁이 있는 한양으로 가게 되었다. 사임당은 아버지를 여의고 홀로 남은 어머니 생각에 가슴이 아팠지만, 시어머니 역시 홀로 남아 한양에서 남편과 함께 생활하고 있기에 어쩔 도리가 없었다.

십여 년 만에 새롭게 시작한 시댁 생활은 참 고달팠다. 사임당이 한양에 올라오자 시어머니 홍씨 부인은 집안 살림 일체를 사임당에게 맡겼다. 남편 이원수는 마흔하나였지만 특별한 직업이 없었으며 글 읽기도 열심히 하는 편이 못되었다. 집안 살림은 항상 여유가 없었고 사임당은 그런 살림에 몇 안 되는 하인들을 제대로 챙기기 못해 항상 미안해하였다(장정예, 2009).

사임당은 하인들이 얼마 되지 않아 항상 바빴지만, 아이들 글공부를 직접 봐 주고, 버선을 깁고, 옷고름을 다는 일을 마다하지 않았다. 특히 아이들에게 글을 알려 주고 그림을 그리도록 하고 책을 읽도록 직접 지도하였다. 위로는 거동이 불편하신 시어머니 시중을 들고, 아래로는 어린 자녀를 돌보는 일까지 사임당의 하루는 매우 고달팠다. 일반 양반가의 아녀자들은 살림을 돌보는 데도 꼬박 하루를 지새우는데, 사임당은 거기에 남편의 글공부까지 이끄는 몫까지 해 내었으며, 또한 스스로 지식의 샘을 채우기 위해 글을 읽었고, 예술혼을 불태우며 그림을 그리고 자수를 새기었다.

사임당은 넉넉하지 않은 살림에 모든 것을 자신의 몫으로 여기고 일생 동안 검소함 속에 위로는 부모를 섬기고, 남편을 이끌며, 아래로는 자녀 교육에 혼신을 다하였다. 지금까지의 글을 통해 가족을 챙기고 보살피기 위해 항상 검소했던 어머니 사임당의 모습을 상상할 수 있을 것이다.

사임당은 자기계발을 통해 학문과 예술 영역에서 큰 성취를 하였지만 자녀를 돌보고 교육하는 몫까지 훌륭하게 해 왔다. 더욱이 어려운 살림살이를 알뜰살뜰 검소하게 운영하는 역할까지 충실하게 행하였다. 가정의 많은 역할을 사회기관이나 서비스업이 대체하고 있으나 우리는 사임당이 살았던 시대보다 가정생활을 이끌어 가는 데 더 큰 어려움이 있는 것처럼 보인다. 바로 이것이 사임당의 삶의 원리를 되돌아봐야 하는 이유 중 하나다.

4) 자애와 지혜로 자녀 교육하기

사임당하면 떠오르는 것 중 첫째가 바로 '현명한 어머니'로서의 모습이다. 우리가 상상하는 현명한 어머니는 바로 자녀를 사랑으로 감싸고 지혜로 이끌어 올바른 길로 인도하는 분이다. 사임당은 자신의 호를 스스로 지을 때부터 미래 어머니로서의 자신을 염두에 두었음이 분명하다. 사임당은 어려서부터 『천자문(千字文)』을 읽은 후 『동몽선습(童夢先習)』, 『명심보감(明心寶鑑)』, 『사략(史略)』을 막힘없이 읽어 나갔다. 주변 어른들의 도움도 있었지만 스스로 궁금한 점을 여쭈어 익히는 모습이 대견스러웠다고 한다. 사임당의 어머니는 한 가정의 아내이자 어머니의 역할에 대해 서술한 『내훈(內訓)』이라는 책을 찾아 사임당에게 읽게 하였다. 『내훈』은 성종의 모후인 인수대비 한씨가 궁중의 비빈과 부녀자들을 훈육하기 위해 저술한 책으로, 조선 전기 여성교육의 지침서였다(안영, 2008). 인수대비는 다음과 같이 『내훈』의 서문을 쓰고 있다(안영, 2008, p. 25).

(…… 전략 ……) 주나라 문왕의 교화는 태사의 밝음 때문에 빛이 났고, 초나라 장왕이 패도를 이룬 것은 번희의 힘이 컸었다. 그러니 임금을 섬기고 남편을 섬기는 데에 누가 이들보다 낫다고 할 것인가. (…… 중략 ……) 한 나라의 치란과 흥망은 임금의 어질고 우매함에만 관계되는 것이 아니라 부인의 선악에도 매어 있는 것이니 어찌 가르치지 않을 수 있겠는가. (…… 중략 ……) 그런 까닭에 『소학(小學)』, 『열녀(列女)』, 『여교(女敎)』, 『명감(冥感)』 같은 책이 지극히 간결하고 분명했지만 권 수가 자못 많아서 쉽게 알기가 어려우므로, 그들 사서 중에서 중요한 말을 뽑아 일곱 장으로 저술하여 너희에게 주노라.

사임당의 어머니 이씨는 인수대비의 글에 공감하며 사임당에게 이 글을 읽도록 하였다. 사임당은 이 글을 읽고 얼마 후 아버지와의 대화에서 스스로 '사임당'이라 호를 지은 연유를 설명하였다. 사임당의 글씨를 본 아버지 신명화는 놀라움을 금치 못하였다(장정예, 2009).

"오호. 이제 글씨가 제법 영그는구나. 부드럽게 흐르면서도 힘이 느껴지는구나." 어린 인선(사임당의 어릴적

이름)의 글씨를 보던 아버지는 자기도 모르게 고개를 끄덕였다.

"아니, 여기 이건 뭐냐? 옳아, 네가 스스로 호를 지은 게로구나. 하긴 글씨나 그림에 낙관을 하자면 호가 있어야겠지. 사임당(師任堂)이라 했느냐? 옛날 중국 주나라 문왕의 어머니이신 태임(太任) 부인을 본받는다는 뜻이구나."

인선은 아버지가 사임당이라는 호의 뜻을 한눈에 읽어 주신 것에 기뻐하며 말하였다.

"태임 부인은 주나라 문왕을 잉태했을 때 눈으로 좋지 않은 것을 보지 않았으며, 귀로 좋지 않은 말을 듣지도, 입으로 말하지도 않았다고 합니다. 그만큼 아직 태어나지 않은 생명일지라도 소중히 여기셨지요."

사임당은 스스로 호를 짓고 현명한 아내이자 어머니가 되기로 다짐하였다. 훗날 사임당은 남편을 이끌고 자녀들을 교육하는 데 온 힘을 쏟았다. 사임당의 교육이 율곡 이이의 아홉 번의 과거 급제로 인해 유명해진 것은 사실이지만 사임당은 율곡뿐만 아니라 모든 자녀에게 제대로 된 교육을 실천하는 어머니였다. 스스로 호를 '사임당'이라 지었던 모습에서 이미 어머니로서의 역할과 책임을 몸소 느끼고 항상 마음에 새기고 있었음을 알 수 있다. 오늘날 자녀 교육에 대한 교훈은 바로 그 마음가짐을 다잡는 것에서 시작해야 함을 보여 준다.

사임당은 자녀들에게 학문을 가르칠 때마다 "공부하는 데는 먼저 입지(立志)를 성실하게 해야 한다."고 하였다(손인수, 1997). 사임당은 뜻이 서지 않으면 만사에 성공하지 못한다고 생각하였다. 맏아들 준이 어려서부터 학문을 닦아 여러 차례 과거에 응했으나 뜻을 이루지 못하자, 그럴 때마다 낙심하지 말고 입지를 굳게 가지라고 타일렀다(손인수, 1997). 이러한 입지에 대한 가르침을 받은 아들 선은 41세에 뜻을 이루어 진사에 올랐으며, 율곡도 어머니 사임당의 가르침에 따라 입지를 돈독히 하여 훗날에 대성한 인물이 되었다(장정예, 2009). 스스로 호를 사임당이라고 지어 현명한 아내이자 어머니가 되고자 그 뜻을 세웠던 사임당은 자녀들에게도 평생의 삶을 통해 세워 나가야 할 뜻을 세우도록 하였다. 자신이 스스로 세운 뜻을 바라보며 의지를 가지고 스스로 공부를 해 나가도록 조언했던 사임당은 오늘날 교육이 지향하고 있는 자기주도적 학습과 자신의 삶을 직접 설계하고 꿈을 이뤄가는 진로교육의 단면을 보여 주고 있다.

사임당은 단순히 정치적으로 성공한다든지, 관직에 나아가는 것만을 중시하지 않았다. 유학적 소양이 뛰어났던 사임당은 유학의 깊이 있는 통달을 통해 입지의 중요성을 알고 자녀들을 교육하였다. 학문에 뜻을 둔다면 학문을 탐구하여 스스로의 지성을 높이는 것만으로도 충분하다고 생각하였으며, 관직에 나아가고자 한다면 그 뜻을 이뤄 백성들이 살기 좋은 세상을 만들도록 해야 한다고 생각하였다. 사임당은 입지와 더불어 사람됨으로 갖춰야 할 성실, 지조, 청백 등의 덕목도 강조하여 가르쳤다(손인수, 1997). 그러면서도 개인의 특성과 소질을 존중하는 교육을 하였다.

사임당 스스로도 당시 조선시대 여성으로서는 드물

게 학문과 그림에 정진하였던 것처럼 자녀들에게도 당시의 굴레에만 안주할 것이 아니라 자신의 소질과 능력에 맞는 공부를 하도록 도왔다. 첫째 아들 선은 자연과 벗 삼아 유유자적하는 삶을 즐겼으며, 둘째인 딸 매창은 예술에 조예가 깊어 여덟 살에 먹물의 농도를 조절하여 묵화를 그렸으며, 서예를 즐겨 썼다(장정예, 2009). 자신의 능력과 삶을 즐기면서도 당시 사회가 요구했던 능력을 갖추었던 사임당의 자녀들은 오늘날까지 이름을 떨치고 있다. 네 아들인 선, 번, 이, 우는 모두 한결같이 이름난 학자요, 철인(哲人)이며, 예술가였다(김명희, 1999). 사임당은 당시 시대가 요구하는 어머니로서의 역할을 충실히 해 냈음은 물론 스스로 자녀들의 귀감이 되고, 학문의 필요성을 몸소 실천하며 보여 주었던 스승이었다. 사임당은 학문과 예술적 재능으로 자녀들의 성장을 도와주는 동시에 사랑으로 보듬었다.

사임당은 능력을 갖추는 것 못지않게 바른 인성을 가지는 것 또한 중요하다고 생각하였다. 인성교육은 앞서 제시한 효성과 사람들과의 관계 형성을 위한 방법을 몸소 실천을 통해 자녀에게 가르쳤다. 특히 사임당은 인성교육을 위해 인간으로서의 따뜻한 마음가짐이 우선이라는 것을 알고 항상 사랑과 자애로 자녀들을 대하였다. 자녀들은 따뜻한 마음을 키워 효를 실천하고 타인을 존중하였다. 자녀들이 바른 인성을 바탕으로 입지를 통해 자신의 뜻을 펼쳐 나가는 데는 사임당의 자애로움과 지혜로움이 바탕에 있었다.

5) 관계 지향적 삶 살기

사임당의 삶의 모습을 살펴보자면 사람과 사람 간의 관계를 얼마나 소중히 여기고 가치 있게 생각하였는지 알 수 있다. 앞서 제시한 사임당의 삶의 원리 중 효의 실천은 바로 부모를 비롯한 윗사람과의 관계 맺기의 모습이며, 자애와 지혜로 자녀를 교육하는 모습은 어머니로서 모성의 발휘이고 자녀들과의 관계 형성을 보여 주는 것이다.

사임당의 관계 지향적 삶은 조선시대 여성으로서 부

모와 자녀의 혈육 관계에 한정된 것은 아니었다. 사임당은 친정살이를 끝내고 시댁 살림을 할 때는 시어머니와 항상 의논하는 것은 물론 얼굴을 늘 화기롭게 하여 종들을 꾸짖지 않았다(김명희, 1999). 사임당은 비록 노비의 신분일지라도 모든 사람을 존중했던 것이다. 양반가의 며느리였지만 종들을 존중하였기 때문에 바느질이며 자녀들 공부까지 일일이 지도하며 바쁜 삶을 살았다.

사임당의 관계 지향적 삶은 부부 관계에서도 드러난다. 학문의 깊이나 삶의 지혜에서 남편 이원수는 사임당을 당해 낼 수가 없었다. 하지만 사임당은 자신의 생각대로 하는 것이 아니라 남편과의 관계 역시 잘 엮어 나갔던 현명한 아내였다. 남편이 실수하는 일이 있으면 간곡히 간하여 바르게 행동하도록 조언하였다(김명희, 1999). 또 남편이 글공부에 전념할 수 있도록 남편을 어르기도 하고, 강력히 자신의 의사를 비치기도 하였다. 가정의 기둥은 부부라는 신념 아래 부권(父權)을 확고하게 하기 위해 내조를 하고 항상 남편의 체면을 생각하여 행동하였다. 사임당의 관계 지향적 삶은 자녀들의 형제우애(兄弟友愛)의 정신에서 깊이 드러난다.

"형우(兄友) 제공(弟恭)하면 이이(怡怡)하리라. 즉, 형된 자가 아우를 우애로써 대하고 아우 된 자가 형을 공손하게 공경하면 즐겁고 기쁨이 넘칠 것이다."(손인수, 1997)라는 뜻인 『논어(論語)』 자로편(子路扁)에 나오는 공자의 가르침에 따라 형제끼리 사랑하고 아낄 것을 항상 교육하였다. 사임당의 자녀들은 서로 우애가 좋기로 알려져 있는데, 율곡의 「자경문(自警文)」에서 다음과 같이 가족의 화목과 형제우애의 소중함을 말하고 있다.

가족이 감화되지 않음은 필시 내 성의가 부족하기 때문이라 생각하여 더욱 정성을 다해야 한다(이이, 임동석 옮김, 2011).

이것을 보아도 사임당의 자녀가 우애를 위해 서로를 존중하며 아끼고, 매사에 흥허물을 일깨워 줌에 있어

남의 허물을 탓하지 않고 자신의 탓으로 돌려 얼마나 따스한 정을 나누었던가를 알 수 있다.

율곡은 『격몽요결(擊蒙要訣)』에서도 "형제는 부모님에게 함께 몸을 물려받았다. 따라서 한몸이다. 때문에 너, 나라고 서로 간격을 두어서는 아니 된다. 의식주에도 네 것 내 것이 따로 없고 모두 함께하여야 한다."고 적어 형제를 생각하는 자신의 마음을 표현하기도 하였다(손인수, 1997).

율곡이 누이였던 매창과 항상 의견을 나누고 생각을 교류하며 우애를 다져 나갔던 모습에 대한 여러 기록이 있다. 이서(李曙)의 서화첩 발문(김명희, 1999)에는 다음과 같이 기록되어 있다.

매창은 부녀자 중에 군자다. 일찍이 사임당의 교훈을 받들어 여자의 규범을 좇았고 재주와 학식이 보통 사람과는 지나쳐 깊은 지혜와 원리를 가졌던 이라 세상이 전하되 율곡이 늘 의심나는 일이 있으면 나아가 물었으며, 또 저 오랑캐 무리가 있을 것으로 미리 알고 있었기 때문에 그의 말을 많이 좇았다 하니 본시부터 천품도 훌륭했었으려니와 교훈 받은 힘도 역시 큰 바 있었음을 숨길 수 없다(김명희, 1999).

신명규(申命圭)가 지은 『조대남묘지명(趙大男墓誌銘)』에도 다음과 같이 적혀 있다.

매창은 능히 경전(經典)과 사기(史記)에도 통하여 사리를 널리 알기 때문에 율곡이 크고 작은 일에 매양 의심나는 일이 있으면 문득 매창에 나와 자문하는 것이었다(김명희, 1999).

이처럼 율곡은 당시 조선 사회가 여성을 가볍게 여기고 나라의 일에 여성의 참여를 제한하고 있던 현실과는 상관없이 항상 누이와 의논하며 그 뜻을 함께하였다. 당시 사회상을 고려해 보면 누이에 대한 존경과 사랑 없이는 불가능한 일이었음을 쉽게 판단할 수 있다.

사임당의 관계 지향적 삶은 부모에 대한 효와 자식에 대한 사랑과 교육을 통해 발휘되었으며, 더 넓게는 남편과의 관계에서, 그리고 자신의 집에서 거느리던 하인들의 관계에도 영향을 미쳤다. 조선시대 여성으로서 외부 활동이 제한되어 있었음을 고려할 때 자신이 관계 맺고 있는 모든 사람과의 관계를 소중히 여겼다는 것을 알 수 있다. 이러한 사임당의 삶은 자녀들의 삶 속에 형제간의 관계에도 고스란히 남아 있어 형제간의 우애가 남달랐음을 확인하였다.

6) 어머니 리더십의 발휘

사임당은 조선시대 남성중심사회에서도 다양한 지도자로서의 면모를 보여 주는 여성이다. 먼저 가정의 설계자이자 경영자로서의 신사임당의 리더십 발휘와 관련된 일화를 소개한다.

신사임당의 시어머니 홍씨가 어느 날 시댁의 모든 살림을 맡아 할 것을 사임당에게 말하며 열쇠 꾸러미를 넘겨주었다. 이 날부터 사임당은 시댁 살림을 도맡아하기 시작한다. 당시 조그만 논이 있었던 것으로 알려졌으나 양식이 부족하여 친정에서 빌려 먹을 정도로 넉넉하지 않았다. 이때 신사임당이 리더십을 발휘한다. 신사임당은 부족한 살림살이를 효과적으로 꾸리기 위해 세 아들이 다니던 서당을 그만 다니게 한다. 그후 직접 아이들의 글공부를 봐 주었고, 자녀들과 함께 집 안마당 구석구석에 텃밭을 만들어 채소를 재배하여 먹었다(안영, 2008).

다른 한편으로는 등잔불의 기름을 아끼기 위해 저녁에 아이들을 일찍 재우고, 해가 뜨는 새벽과 아침, 해가 지기 전에 글을 읽도록 하였다(노유진, 2009). 이렇게 자원을 아끼면서도 하루 세 번 글을 읽은 후에야 마음껏 뛰어 놀게 하여 자녀 교육과 가정 살림에 모두 신경을 쓰는 일석이조의 효과를 얻었다.

신사임당의 모습은 가정 살림을 이끄는 어머니로서의 모습을 보여 준다. 한 가정을 이끌면서 가정을 경제적으로 효율적으로 운영하면서도 자녀 교육도 가능하도록 만드는 것이 어머니들의 고민이 아닐까 싶다. 그것을 위해 어머니 스스로 다양한 방안에 대해 고민하고, 자녀들과 대화를 통해 그 방안들이 필요한 이유와 어떻게 실현될 수 있는지 논의하는 과정이 필요할 것이다. 이런 과정에서 어머니 스스로의 실천 역시 매우 중요하다. 실천을 통해서만 달성이 가능할 것이며, 자녀들의 귀감이 되어 자녀들의 실천도 이끌 수 있기 때문이다.

사임당의 어머니로서의 리더십은 가족을 비롯하여 주변 사람을 돕는 도움가로서의 모습에서도 드러난다. 사임당은 남편의 10년 공부를 도왔고, 자녀들의 학습을 직접 지도하며 성장을 도왔다. 시어머니를 도와 집안 살림을 돌보는 일에도 적극적이었다. 친정살이를 할 때는 자신의 아버지와 어머니의 일을 항상 나서서 도왔고, 형제자매들의 일도 적극 도우며 주변 사람들의 고민을 함께 듣고 해결하는 일에 적극적이었다. 이런 사임당의 성품은 자녀들에게도 많은 영향을 끼쳤다. 가정의 기쁜 일은 항상 타인의 업적으로 돌리던 사임당이었기에 가정은 화평하고 가족 간 대화는 항상 서로를 아끼고 존중하는 것이었다.

현룡이 과거에 급제하여 두 형과 함께 집으로 돌아왔다. 집안은 온통 잔칫집 분위기였다. 이때 현룡이

"제가 과거에 급제한 것은 제가 잘해서가 아니라 어머님, 아버님의 훌륭한 가르침과 형님, 누님들의 도움 덕분입니다."라고 말하였다.

아버지 이원수는 아들이 대견하고 자랑스러웠다.

"그래, 현룡아! 참으로 대견하구나. 그리고 부인, 정말 애 많이 쓰셨소. 현룡이 어린 나이에 과거 급제한 것은 모두 부인의 공이구료."

이때 신사임당은 이렇게 말할 뿐이었다.

"그런 말씀 마세요. 서방님, 현룡이 스스로 글공부를 좋아하고, 책을 열심히 읽은 결과겠지요. 제가 한 것이 뭐가 있겠습니까?"

그러자 다시 이원수는 "허허, 그럴리가요. 현룡이 어릴 때부터 당신의 글 읽는 소리를 듣고 자랐고, 당신이 어릴 때부터 글공부를 잘 시켰기 때문 아니겠소. 참으로 부인이 장하오."라고 신사임당을 칭찬하였다(노유진, 2009).

현룡이 자신의 과거 급제의 이유를 부모님을 비롯한 가족의 도움이라고 말한 것과 남편이 부인의 공으로 말하고 있는 것을 살펴보면 평소 사임당의 가족들이 어떤 대화를 하였는지 쉽게 짐작할 수 있고, 또한 사임당이 자녀 교육에 어떤 도움이 되었는지 알 수 있다. 부모로서 자녀들에게 솔선수범을 보여, 보고 배울 수 있는 모델이 되어 왔음을 이원수는 언급하고 있다. 자신의 역할을 겸손하게 낮추는 사임당의 모습에서 현룡의 겸손함이 어머니의 모습과 사뭇 닮았음을 알 수 있을 것이다. 사임당은 대화로서 자신을 낮추고 타인을 높이고 있다. 평소 타인을 돕던 도움가의 모습이 대화에서도 나타나고 있다.

7) 자연을 사랑하기

사임당은 꽃과 새, 열매를 즐겨 그렸을 뿐만 아니라 남들이 그리지 않던 곤충 역시 즐겨 그렸다. 사임당은 작은 미물이라 여기던 구들장 아래의 작은 벌레, 뒤 뜰 나무 아래를 지나는 지렁이에게도 관심을 가지고 관찰하였다. 위인전에서는 사임당의 이런 모습과 관련한 일화가 전한다(장정예, 2009).

사임당의 언니가 혼기가 꽉 찼을 무렵 언니는 사임당의 그림을 보고 놀라며 말하였다.

"에그머니나, 이게 뭐람. 저 꽃잎 아래 있는 건 벌레 아니니? 넌 어째서 예쁘고 고운 것들을 놔두고 저렇게 징그러운 걸 그린단 말이니?"

그러자 어린 사임당은 말하였다.

"징그럽기는요. 저 사마귀나 개구리들도 우리 사람을 본다면 아마 언니와 비슷한 생각을 할 걸요? 언니, 저길 좀 가만히 들여다보세요. 살아서 움직이는 것이 신기하지 않아요?"

사임당은 작은 미물을 관찰하며 생명의 경이로움을 느끼고, 작은 생명체를 인간과 동일하게 대하기도 하였다. 사임당의 그림 속 곤충들은 살아 있는 듯 그림 속에서 금세라도 기어 나와 기어 다닐 것 같았다. 숙종 때 송상기라는 사람은 『옥오재집(玉吾齋集)』에서 이런 이야기를 한 적이 있다(장정예, 2009).

송상기의 친척 중 정종기라는 사람이 사임당의 그림을 한 폭 갖고 있었다. 그림을 벽장 안에 보관하다가 하루는 볕을 쬐려고 마당에 내다 널어놓았다. 그러자 난데없이 닭 한 마리가 달려들더니 사임당의 그림을 콕콕 쪼아 대는 것이다.

"저, 저런 일이 있나. 훠이 훠어. 이 놈의 닭들 저리 가거라."

정종기가 닭을 쫓아 버리고 돌아와 보니 풀벌레가 그려진 곳의 종이는 금세라도 구멍이 뚫어질 것처럼 너덜거렸다. 닭은 사임당이 그린 벌레들을 쪼아 먹으려 했던 것이다. 송상기는 친척에게 이 이야기를 전해 듣고는 고개를 갸웃거렸다. 사람이 그린 그림인데 그럴 수가 있을까 싶었다. 그러다 송상기는 우연히 정종기라는 사람이 지니고 있던 사임당의 그림첩을 보게 되었다. 그리고 "과연 그 그림 속의 꽃, 오이, 곤충, 나비들이 모두 살아 움직이는 듯하여 그림 속에 있는 것 같지 않으므로……, 내가 들은 말이 거짓이 아니었음을 알게 되었다."라고 감탄하며 글을 남겼다(안영, 2008).

사임당은 자연을 사랑하여 항상 자연과 벗하여 살았

으며 그림 속에 작은 미물을 그려 넣고, 시 속에 자연의 모습과 인간의 마음을 노래하였다. 자연을 사랑하는 사임당의 마음은 부모에게 효도하고 자녀에게 자애로운 어머니의 마음 그대로였던 것이다. 자연으로부터 태어나 자연을 사랑하고 자연으로 돌아갔던 사임당은 진정 자연을 사랑하던 자연 속에 산 여인이었다. 사임당은 곤충과 새 그리고 잡풀을 그렸으며 산수를 즐겨 그렸고 주변의 과일이나 먹는 채소도 즐겨 그렸다. 자연 그 자체를 사랑했으며, 일상생활 속의 소소한 삶의 소재들을 예술의 소재로 삼았다.

사임당의 예술 속 자연은 그림에만 나타나는 것은 아니었다. 어머니를 그리며 지었던 시조에는 고향의 자연산천에 대한 그리움이 함께 영글어 있다. 「사친(思親)」이라는 시에서는(앞서 제시하였기에 이 부분에서는 생략함) 한송정가의 달그림자, 경포대 앞의 한줄기 바람, 모래톱 위 갈매기와 물결 따라 떠다니는 고깃배의 풍경이 어머니에 대한 그리움과 함께 드러나 있다. 사임당이 남긴 그림이든 글이든 그 안에는 자연의 아름다움이 모두 스며 있었다. 사임당은 진정 자연을 벗 삼아 자연을 사랑하는 사람이었다.

2. 신사임당의 삶과 상담

1) 신사임당의 삶의 원리에서 찾는 상담 요소

신사임당의 일대기를 살펴본 뒤 신사임당의 삶에서 삶의 원리를 추출하였다. 신사임당의 삶을 통해 신사임당의 삶의 근간이 되었으며, 동시에 오늘을 사는 우리에게 교훈이 되는 삶의 원리로는 효의 실천, 자기계발을 통한 자아성취, 검소한 삶의 실천, 자애와 지혜로 자녀 교육하기, 관계 지향적 삶, 어머니로서의 리더십 발휘, 자연을 사랑하는 삶의 모습을 찾아볼 수 있었다.

현대 우리나라의 상담학은 서양의 이론에 근거하여 학문의 발전을 거듭하고 있다. 하지만 상담이라는 것이 사람 사이의 대화를 근간으로 하고 있기 때문에 우리의 역사 속에서도 상담을 실천했던 상담가의 면모를 지닌 인물이 다수 있었음을 부인할 수 없다.

　신사임당은 우리 역사 속에서 가장 존경받는 어머니 상으로 앞서 살펴본 바와 같이 부모를 섬기는 것에서부터 남편과의 대등하면서도 신뢰 있는 관계를 만들고, 모든 자녀를 훌륭하게 길렀던 인물이다. 물론 스스로 자신의 자아계발을 위하여 항상 힘쓰고 노력하였으며, 삶의 주인공으로 당당하게 자신의 삶을 살았다. 이런 신사임당의 삶 속에 상담 요소가 있을까? 이 질문에 사임당의 삶 속에 상담 요소를 찾는 것은 불가능하다고 이야기하는 사람은 없을 것이다. 오늘날 서양의 많은 상담 이론 역시 다양한 삶의 원리에 근거하고 있다. 사임당의 삶의 원리는 훌륭한 사람이 갖추어야 할 다양한 요소를 포함하고 있으며, 그로부터 가치 있는 상담 요소를 추출하게 될 것이다.

　이 글에서는 지금까지 살펴본 내용을 토대로 사임당만의 상담 요소를 발견하고자 한다. 사임당의 삶의 원리에서 추출한 상담 요소는 현재의 상담 이론과 유사

성과 차이점을 가질 것이다. 이 과정을 통해 우리나라 역사 속 조상들의 삶 속에도 상담이 존재하였음을 확인할 수 있을 것이며, 이는 상담이 서양에서 들어온 학문이 아닌 우리 고유의 학문적 뿌리가 있음을 인식하는 데 작은 도움이 된다. 또한 전통적으로 존경받는 사임당의 삶을 통해 어머니로서 갖추어야 할 대화 방법과 마음가짐으로서의 상담을 배울 수 있을 것이다. 오늘을 사는 어머니들에게 한 가정을 이끄는 데 지침이 될 수 있을 것이며, 자녀 교육의 방향을 제시할 수 있다.

신사임당의 삶

신사임당의 삶의 원리

효의 실천 · 자기계발을 통한 자아성취 · 검소한 삶의 실천 · 관계 지향적 삶 · 자애와 지혜로 자녀 교육하기 · 어머니로서의 리더십 발휘 · 자연을 사랑하기

사임당의 삶 속 상담 요소
〈어머니로서의 마음가짐 · 대화 방법〉

[그림 3-1] 사임당의 상담 요소 추출 과정

신사임당이 자녀를 교육했던 모습을 통해 오늘날 교육의 문제점으로 지적하는 인성교육의 부재에 대해서도 생각해 볼 수 있다. 학문을 갈고 닦는 것뿐만 아니라 다른 사람과의 관계를 중시 여겼던 사임당의 교육 방법에서 오늘날 교육이 간과하고 있는 사람됨의 교육이 어떤 것인지 살펴볼 수 있을 것이다. 사임당이 실천했던 말과 행동을 통해 우리는 전통적인 어머니가 갖추고 있었던 상담학적 자질과 방법, 그리고 그 영향에 대해 포괄적으로 인식하게 될 것이며, 이를 통해 우리의 상담학적 기반을 넓힐 수 있다.

2) 전통적 어머니와 상담

신사임당을 우리는 '전통적 어머니상'이라고 표현하기도 하고, '현모양처'의 전형이라고 말하기도 한다. 또 어떤 이는 신사임당을 '한국적 어머니상'의 표상으로 여기기도 한다. 신사임당의 삶의 원리에서 상담 요소를 찾아내기 전에 우리가 생각해 볼 문제는 전통적 어머니라는 다소 추상적인 상징적 의미와 상담 활동

간의 관계다.

전통적 어머니란 무엇인가? 우리 역사 속에 한국적
이며 전통적인 어머니라는 개념은 존재하는가? 전통
적 어머니상과 상담의 관계에 대해 탐색하기 위해서는
먼저 '전통적 어머니'에 대한 용어 접근이 필요하다.

인간은 자연물에 이름을 붙이고 그것을 명사화하여
사용하는 언어적 특성을 보인다. 이러한 특성은 감각
기관을 통해 확인할 수 있는 존재하는 물질이나 생명
체뿐만 아니라 추상적인 개념을 형성할 때 역시 동일
한 과정을 거친다.

'어머니'라는 용어는 생물학적으로 자녀를 낳은 존
재를 뜻한다. 하지만 '어머니'라는 용어는 단순히 생물
학적인 여성으로서의 의미를 넘어 다양한 의미를 포함
하고 있다. 우리는 '어머니'라는 단어에서 포근함과 사
랑, 향수를 느끼기도 하고, 나이 든 어머니의 애틋함과
애절함을 느끼기도 한다. 이러한 느낌은 단순히 한 개
인의 느낌으로 국한되지 않고 하나의 사회를 구성하고
있는 사회원 전체에게도 공유되는 느낌이다. 더 크게

는 칼 융이 민족적 '신화'라고 부른 인류 전체에 공유
되는 개념을 구성하기도 한다. 이처럼 '어머니'라는 개
념 역시 인류가 지닌 다양한 언어 체계처럼 많은 의미
를 포함하고 있다. 인류 전체가 공유하는 의미로서의
어머니가 있고, 한국 사회에 국한되어 있는 어머니의
의미 또한 있을 것이다. 우리는 한국이라는 국가적 ·
민족적 테두리 안에서 오랫동안 사람들이 인식해 온
어머니의 이미지가 지니고 있는 개념과 의미를 전통적
어머니로 상정할 수 있다.

　전통적 어머니의 전통이란 어떤 문화적 배경을 토대
로 하는 전통일까? 무엇보다 현재 대한민국의 역사적
기반을 살펴볼 필요가 있다. 대한민국은 오랜 역사적
배경을 가지고 있으나 대한민국 직전의 국가인 '조선'
의 종교, 문화, 사회 풍습을 배경으로 하는 어머니상을
지니고 있다. 우리 사회에서 이야기하는 전통의 많은
부분이 실질적으로는 조선 사회의 것을 이어온 것이다.
우리가 전통이라 부르는 한복, 한식, 전통가옥인 한옥
등 의식주뿐만 아니라 교육 방법, 예법 등 전통의 자리

에는 폭넓게 조선 사회의 단면이 뿌리내리고 있다. 전통적 어머니 역시 조선의 유교적 전통의 영향을 크게 받으며 형성되었다고 볼 수 있다. 물론 그 이전의 우리의 사상과 결합해 오면서 개념이 형성되었을 것이다.

이숙인은 전통과 결부된 어머니 담론을 다음과 같이 이야기하기도 하였다. 즉, 단군왕검의 '참고 인내하는' 웅녀로부터 '희생과 봉사'의 조선 어머니로 이어지고, '자식을 위해 자신을 버리는' 근대의 어머니를 거쳐 교육에 극렬한 현대의 어머니가 되었다는 설명 방식을 택하고 있다(이숙인, 2003).

우리 사회 속 전통적 어머니상은 우리 문화와 긴밀하게 연결되어 있으나 그 당시 사회상을 반영하거나 사회가 요구하는 어머니의 모습은 하나의 이미지로 나타난다는 것이다. 현대사회에서 찾는 전통적 어머니의 모습은 참고 인내하는 웅녀의 모습을 포함하며 동시에 희생과 봉사의 개념을 지니면서도 교육에 적극적인 어머니의 모습이다. 우리 사회에서 전통적인 어머니상을 논할 때 등장하는 담론 중 하나는 '성공한 자녀의 뒤에 존재하는 어머니의 특별한 교육'이다. 전통적 어머니의 한 사람으로 언급되는 맹자의 어머니는 자녀를 위해 세 번이나 이사를 할 만큼 교육에 열성적이었다. 맹모삼천지교(孟母三遷之敎)는 전통적 어머니의 역할과 모습을 드러내는, 우리 사회에서 오랫동안 통용되어 온 문구다(이숙인, 2003).

자녀의 교육과 깊게 관계 맺어 온 '전통적 어머니'의 존재는 조선시대 신사임당의 삶으로 대변되며 전통적 어머니의 모습을 만들어 왔다. 전통적 어머니는 유교 원리에 따라 자녀를 바르게 이끌어 자녀를 입신양명(立身揚名)의 길로 인도하는 역할을 수행하면서도 부인으로서의 유교적 예법에 따르는 삶을 살았다. 신사임당은 전통적 어머니의 삶의 모습을 갖추고 있었음은 물론 자신의 능력을 기르는 데에도 적극적이었으며, 집안 살림을 운영하는 경제적 능력도 뛰어났다. 남편과의 관계에서도 문제가 없었고 시어머니를 비롯한 어른들에게 효를 통해 존중하였다.

전통적 어머니의 모습은 오늘날 어머니들이 꿈꾸는

완벽한 어머니의 모습과 크게 다르지 않다. 남편과의 부부 관계를 잘 유지하면서 시댁 식구들과 원만한 관계를 형성하고, 사회에서 인정받도록 자녀를 기르며 동시에 자신의 삶을 가꾸고자 오늘날 어머니들도 노력하고 있다.

결국 전통적 어머니의 모습은 현대의 어머니상과도 깊이 연관되어 있으며, 이는 오랜 역사 속에서 형성되어 온 우리 어머니의 모습이다. 이러한 어머니의 이미지 속에는 자녀를 사랑하고 포용하는 너그러움이 함께 녹아 있고, 전통 음식이나 의복 등 어머니가 만들어 왔던 다양한 물질적 향유가 이미지화되어 연결되어 있음은 당연한 것이다. 그래서 우리는 전통적 어머니를 떠올릴 때면 유교적 예법을 따르면서도 동시에 구수한 장맛이 함께 생각나기도 한다.

전통적 어머니상은 현대의 어머니상으로의 연장선에 있으며, 자녀의 교육, 부부 관계, 친가 및 친척들과의 관계의 개념과 더불어 의식주 해결에의 도움, 경제적 살림살이 운영을 비롯하여 개인적인 자아성취까지 내포하는 매우 포괄적인 개념이다. 이러한 개념은 전통적 어머니의 이미지와 연계되어 오늘날 현대적 어머니의 이미지 형성에 영향을 미쳐 왔다.

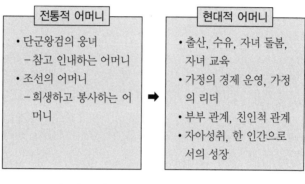

[그림 3-2] 전통적 어머니와 현대적 어머니

우리의 내면에 존재하는 이상적 어머니로서의 전통적 어머니상은 우리가 지향해야 할 인물임에는 틀림없지만 모두가 그것에 도달해야 하는 것은 아니다. 모든 시대에는 지향해야 할 인물을 설정하곤 하는데, 그것은 당시의 사상과 시대 배경에 따라 사람들의 암묵적 합의로 설정된다. 우리의 전통적 어머니상은 앞서 살펴본 바와 같이 다양한 역할을 수행하고 한 여성으로서 자신의 존재를 인식하는 인물이다. 전통적 어머니상의 모습은 현대의 시대상을 반영한 개념이며 동시에 과거의 인물에서 그 모습을 찾는 이중적 이미지다. 이러한 전통적 어머니의 모습을 우리는 우리의 역사 속 인물에서 만날 수 있으며, 바로 신사임당이 여기에 해당된다.

신사임당은 오늘날 어머니들이 원하던 슈퍼우먼의 모습을 두루 갖추었다. 시어머니뿐만 아니라 친정 부모님에게도 효녀였고, 자녀들에게는 스승과 같은 교육자였으며, 남편에게는 조언을 해 주던 현명한 아내였다. 가정 살림에서도 검소하며 옹골차게 가정 경제를 이끌었고 하인들에게도 존경받는 양반가 아녀자였다. 이에 더하여 당시 사회의 굴레에 안주하지 않고 자신의 역할을 다하면서도 자신의 글공부를 지속하였다. 그림에서는 조선시대 여성 중 최고의 자리에 올랐다. 글씨 역시 매우 수려한 자태를 뽐내며 자아 성취를 이룬 여성이었고 어머니였다.

    전통적 어머니가 다양한 역할을 수행하던 기반은 무엇이었을까? 무엇이 효를 실천하고 자녀를 교육하며, 남편과의 원만한 관계를 형성하는 원천이 되었을까? 하인들을 비롯하여 타인들과 함께 어울리면서도 자아계발에 집중했던 원동력은 무엇이었을까? 무엇보다 사임당의 관계를 만드는 능력이 뛰어났기 때문이다. 당시 여성의 영역이 아닌 글공부와 글쓰기며 그림을 그리면서도 시어머니의 구박과 남편의 시기를 피했던 것은 바로 관계 만들기에서 비롯되었다. 관계 형성에 실패하였다면 여성이 일반적으로 하지 않는 일에 대해 불만을 쏟아 내었을 것이며, 이는 오늘의 신사임당이 존재하지 못했음을 의미한다. 전통적 어머니의 역할 수행에 있어 관계를 형성하는 것은 원활한 가정생활을 이끄는 가장 기본적인 기술이며 덕목이었다.

    과연 전통적 어머니로서 관계를 형성하는 데에는 어떤 기술과 능력이 필요했을까? 바로 상담자로서의 능력이며 자질이다. 상담은 관계를 만드는 바탕이 되는 능력이라고 할 수 있다. 상담에 대한 정의는 다양하고,

우리는 상담에 대한 선입견을 가지고 있기도 하다. 많은 사람이 상담이라 하면 정신적 문제를 지닌 사람들에 대한 치료를 떠올리곤 한다. 하지만 근래의 상담학은 상담을 치료의 장면뿐만 아니라 일상생활의 영역으로 확대한 개념으로 사용하고 있다. 전통적 어머니가 했던 상담의 모습은 바로 우리의 일상생활이며 삶의 단면에서 수행되었던 것이기에 우리는 이 확대된 개념으로서의 상담 개념을 사용하기로 하겠다.

어머니가 수행했던 상담의 모습은 박성희 교수가 제시하는 상담의 개념과 상통한다. 인격적인 만남을 통해서 사람의 변화에 도움을 주는 상담은 사람들의 일상생활 곳곳에서 일어나는 현상이다. 아침 식탁에서 아들과 의견을 나누는 아빠, 쉬는 시간에 친구의 고민을 들어주는 청소년, 대학 입시에 실패한 딸을 끌어안는 엄마, 물건 값에 대한 정보를 교환하는 주부, 이들은 모두 상담 활동에 참여하고 있는 셈이다. 요컨대, 사람과 사람이 만나서 무엇인가 인격적인 접촉을 하고 이를 통해 상대에게 도움을 제공하는 일이 벌어진다면 바로 거기에 상담이 있다는 말이다(박성희, 2007).

어머니가 시험에 실패한 딸의 상실감을 보듬고, 선생님에게 야단맞고 온 아들의 억울함을 들어주며, 승진에 가로막힌 남편의 등을 토닥여 주는 것이 곧 상담의 모습이다. 상담은 단순히 들어주는 것에서 그치는 것이 아니라 말하는 이의 가슴 속에 문제를 해결할 실마리가 있음을 믿어 주고 스스로 해결하도록 격려해 주는 것을 포함한다. 이러한 과정에서 앞서 살펴본 정의처럼 인격적 만남과 존중은 필수적인 것이다. 바로 우리 전통적 어머니가 수행했던 관계 형성의 밑바탕은 상대방을 인격적으로 만나고 그 만남 속에서 상대편의 변화를 위해 들어주고 인정하며 믿어 주던 자애롭고 지혜로우며 현명한 어머니의 모습이다.

사임당은 자신의 어려움에 대해서도 피하기보다는 스스로 부딪혀 해결하는 방향을 선택하였다. 자신의 현재를 진단하고 자신의 문제를 해결할 방법을 찾아 적극적으로 해결하고자 하였다. 사임당은 마음의 아픔을 치료하기 위해 스스로 금강산의 절을 찾아 불법에 의지하여 수행하였다(한국여성개발원, 1998). 당시 아녀자로서 어려운 방법이었으나 스스로의 문제를 해결하는 데 적합하다고 생각하면 그것을 통해 문제를 해결하였던 것이다. 이러한 수행 과정을 통해 스스로 그릇을 넓히고 마음을 닦는 일에도 열중하였으며 남의 변화를 돕기 위해 항상 열려 있는 태도를 취하였다. 상담의 바탕은 상대편을 대하는 태도와 대화법이라고 할 수 있다. 사임당은 상대편을 인격적으로 존중하는 태도를 내면화하였고, 상대편의 이야기를 들으면서도 솔직하고 진솔하게 대화에 임하는 상담가로서의 역할을 하였다.

사임당의 상담가로서의 자질은 시어머니, 남편과 자녀, 하인들과의 관계를 부드럽고 진실되게 만드는 원천이 되었다. 시어머니를 향한 인격적 존중과 진솔한 대화는 효의 실천이 되었으며, 남편과는 좋은 부부 관계로, 자녀들과는 긍정적인 양육과 교육의 관계를 형성할 수 있었다. 하인들과의 관계를 통해 가정 살림을 알뜰히 돌볼 수 있었다. 안정적인 가정생활과 주변인들과의 상담적 관계 형성은 사임당을 당시 유교적 여성의 모습을 갖추면서도 동시에 시대를 초월하는 예술가이자 학문에 깊은 조예를 남긴 전통적 어머니가 될 수 있는 초석이 되었다. 이제 전통적 어머니인 사임당의 내면에 존재하던 상담의 모습을 더 깊이 탐구해 보자.

3) 어머니의 상담 바라보기

어머니로서의 사임당을 상담의 관점에서 접근해 보면 상담이 상담실 안이라는 특정한 공간과 시간 속에서 이뤄지는 것이 아닌 우리의 일상생활에서 사람들과의 상호 간 접촉 속에 이뤄짐을 알 수 있다.

우리가 오늘 가정에서 만나는 어머니가 바로 상담가이자 가정의 한 리더로서 위치할 수 있는 것이다. 비록 전문 상담가는 아닐지라도 매일 만나는 누군가가 따뜻한 말 한마디를 건네는 능력을 지니고 있다면 우리의 가정은 행복한 온기로 가득할 것이다. 그 온기는 우리 사회를 데우고 많은 사람이 더욱 큰 미소를 가지게 될 것이다. 가정 안의 상담가의 작은 실천이 펴져 나가는 파급효과는 이처럼 거대할 수 있다.

상담하는 어머니의 존재는 가정을 구성하는 구성원의 행복한 삶을 제공하는 것뿐만 아니라 자신의 삶 역시 상담자로서 인격적 성숙을 통해 가꾸어 나가는 존재다. 상담이 사람들의 바람직한 변화를 돕는 과정으로 작용하기 때문에 그 과정을 이끄는 사람 역시 자신의 삶의 방향을 바람직한 쪽으로 향하고 있음은 당연한 것이다. 타인의 어려움을 통해 자신의 삶을 반성하고, 타인을 돕는 과정을 통해 자기성찰이 이뤄지는 것이다.

사임당의 삶을 통해 우리는 유교적 원리에 따라 살아갔던 조선시대 한 여인이 무조건적인 사상적 복종이 아닌 본인의 삶에 대한 철저한 고민을 토대로 자신의 삶의 방향을 정하고 그 방향을 향해 값진 노력의 결실을 키워 갔음을 알 수 있다. 사임당은 남편을 남기고 먼저 세상을 뜨면서 당시 사회 관습과는 달리 아이들과 가정의 평화를 위해 남편에게 재혼하지 말 것을 강하게 말하였으며, 남편이 자신의 삶의 목표 없이 흔들릴 때면 목표를 정확히 정해 정진하도록 설득하였다. 또한 자신이 어린 시절부터 좋아했던 그림과 글을 일평생 즐기면서 자신의 삶은 물론 주변 사람들의 삶을 윤택하게 하는 데 능력을 다해 도왔다.

이런 사임당의 삶에 대해 일부 페미니즘 사상가들은 유교적 가부장제가 만든 하나의 이상적 현모양처의 전형에 불과하다는 비판을 제기하기도 한다. 그러나 사임당은 자신의 삶을 온전히 자신의 삶으로 살았던 여인이었다. 기존 사상을 맹목적으로 따르는 수동적인 여성이 아니었다. 자녀의 성장에서 자유로울 수 없는 과거부터 오늘날의 어머니들에게 하나의 나침반을 제공하는 인물임에 틀림없다.

사임당의 삶은 우리 사회 전반에 공유되어 있는 어머니에 대한 개념을 토대로 가정에서 누구나 실천할 수 있는 상담학적 기반을 제공한다. 유교 사상을 근간으로 주변 사람들과의 인격적 만남을 통해 타인의 바람직한 성장을 이끌어 주려는 노력과 스스로 성장의 주체가 될 수 있다는 믿음은 신사임당의 전 생애를 통해 실천되어 왔고, 이는 오늘날 상담이 추구하는 목적과 일맥상통한다. 현대 상담이 추구하는 상담의 특징을 우리는 신사임당의 삶 속에서 온전히 발견할 수 있고, 신사임당의 삶은 우리에게 우리 전통 속에 존재했던 어머니의 모습뿐만 아니라 어머니들이 수행해 왔던 상담의 모습을 고스란히 전해 줄 것이다. 지금부터 우리는 어머니들이 추구해 온 상담의 모습을 하나의 지식으로 정리하고자 한다.

4

신사임당 상담의 시작

1. 동양철학으로 다진 사임당의 마음

　인간의 모든 행동과 말은 마음에서 비롯된다. 마음에서 일어나는 생각과 감정이 곧 우리의 현재 모습을 결정하고, 그것이 모여 우리의 삶이 된다. 동양철학에서는 불교, 도교, 유교에 이르기까지 마음을 언급하지 않고 이론을 전개할 수 없다. 동양철학뿐만 아니라 서양철학 역시 인간의 마음에 대해 깊이 있는 연구를 해왔다.

철학에서는 마음에 대한 연구의 시작 단계에서부터 채택해 왔던 마음의 존재성에 대한 기본 가정, 즉 '마음은 사물이 존재하는 것처럼 사람의 뜻이나 생각과 무관하게 스스로 존재하고 마음 자체의 내재한 운행 법칙에 따라 작동한다.'라는 전제에서 마음을 연구해 왔다(유권종 2014). 동양철학 역시 마음을 연구의 주요 주제로 삼아왔다. 동양철학은 사람들의 마음을 연구하면서 사람들의 생활에 많은 영향을 미쳐 왔다.

동양의 많은 사상은 마음을 다루는 학문이다. 동양철학이 다룬 마음을 통해 인간의 행복을 꿈꾸는 사회 건설을 지향한다. 사회제도를 부정하는 듯한 도교 역시 아무 제약이 없는 사회제도를 표방하는 아이러니를 보여 준다. 동양의 불교는 마음을 비우고 모든 것을 포용하여 스스로 부처가 될 것을 최고 목표로 삼았다. 유교 역시 마음을 다루는 이론(심성론)이 오랫동안 많은 학자에 의해 전개되었고, 여전히 많은 동양철학자가 연구하고 있다. 어머니의 마음을 형성하는 기반이 되었을 사상에는 어떤 것들이 있었을까? 우리 역사 속에

거대한 담론을 형성하고 있는 양대 종교이자 철학인 불교와 유학의 내용을 빌려 사임당의 마음가짐을 살펴보자.

2. 불교의 교리를 꿰뚫은 사임당의 마음

　사임당은 조선 전기를 살았던 여인이다. 한 부부의 딸이었으며, 아내였고, 어머니였으며 며느리였다. 사임당은 당시 고려시대 국가의 보호 아래 성장했던 불교의 영향을 받았다. 고려시대 황금기를 맞이했던 불교는 조선의 숭유억불 정책에 따라 다소 쇠퇴하는 듯하였으나 여전히 백성들의 삶 속에 깊이 자리 잡고 있었다. 삼국시대 불교가 전래된 이래로 현재까지 불교는 많은 사람이 믿는 종교다. 오늘날 대중 종교로서 불교가 개인의 수행보다는 개인의 소망과 행복을 바라는 현실주의적 성격이 강해졌을지라도 불교 본연의 교리는 사람들의 생각을 형성하는 데 지대한 영향을 미쳐 왔다.

사임당의 삶에는 불교의 핵심 진리가 숨어 있다. 그 진리는 앞서 살펴보았던 사임당의 삶의 원리와도 깊은 관련을 맺으며 우리가 찾아 낼 사임당 상담과도 깊은 연관을 맺고 있다. 우리는 불교의 교리와 사임당의 삶이 어떻게 연관이 되어 있는지 살펴봄으로써 사임당 상담의 바탕이 되는 사임당의 마음가짐에 대해 알아볼 것이다.

불교의 진리는 다섯 명의 수도승과 부처의 첫 만남인 진리의 바퀴를 굴리신 것에서 비롯된다. 네 가지 거룩한 진리인 사성제(四聖諦)는 간단히 고(苦), 집(集), 멸(滅), 도(道)라 이르기도 한다. 의학 용어와 비교하면 고제와 집제는 아픈 원인을 찾아내어 분석하는 '진단'에 해당한다. 멸제와 도제는 아픈 것을 낫게 하는 '처방'에 비유할 수 있다(오강남, 2006). 네 가지 진리를 간단히 살펴보도록 하자.

먼저, 고제는 괴로움에 관한 진리다. 삶이 그대로 괴로움이라는 진리를 터득하라는 것이다. 이 괴로움은 인간이 개별적으로 겪는 육체적 · 정신적 고통뿐만 아니라 인간이라면 누구나 겪는 불완전, 불안정, 제한, 결핍, 불만족 같은 인간의 조건 전체에 대한 것이다. 특수성과 보편성을 모두 지닌 삶의 고통을 의미하며, 이를 깨닫는 것이 우선되어야 우리의 삶을 직시할 수 있다는 가르침이 담겨 있다(오강남, 2006).

집제는 괴로움의 근원에 대한 것으로 어떠한 일어남의 원인에 대한 진리다. 괴로움은 근본적으로 우리의 목마름에서 시작한다. 목마름이란 집착, 정욕, 애욕, 욕심, 욕정으로 인한 것이다. 특히 집착은 집제의 핵심인데, 쾌락에 대한 집착, 있음에 대한 집착, 있지 않음에 대한 집착으로 이 세 가지 집착함을 경계해야 한다(오강남, 2006).

멸제는 괴로움을 없앨 수 있음에 관한 진리다. 이것은 인간의 가능성에 대한 위대한 선언이며 희망에 대한 선포다. 불교 용어로는 '니르바나'라 하며, 이는 '불어서 끈' 상태라는 의미를 가진다. 불교에서 말하는 열반이 바로 이러한 상태에 이른 것이다. 열반은 그리스도교의 천국처럼 죽어서 가는 특별한 장소가 아니다. 우리 속에서 일고 있던 욕심과 정욕의 불길을 '훅' 하고 불어서 끈 상태 그리하여 괴로움 대신 시원함과 평화스러움이 느껴지는 마음의 상태를 의미한다(오강남, 2006).

마지막으로 도제는 멸제에 이르는 방법으로, 괴로움을 없애는 길을 말한다. 괴로움을 없애는 방법은 여덟 가지 바른 길로 표현되는 '팔정도'라 한다. 팔정도는 여덟 겹으로 구성되어 괴로움을 없애는 방법으로 바른 견해(正見), 바른 생각(正思性), 바른 말(正語), 바른 행동(正業), 바른 직업(正命), 바른 정진(正精進), 바른 마음을 다함(正念)으로 구성된다. 불교에서 마음을 수행하는 방법은 바로 이 팔정도에서 유래하는데, 명상 수행은 크게 두 요소인 정과 혜(定慧)로 구성된다. 정(定)은 팔정도 중 바른 정진(正精進)과 바른 마음을 다함(正念)을 통해 마음을 다스리는 것이다. 혜(慧)는 바른 견해(正見)와 바른 생각(正思性)을 설법을 통해 얻는 것을 의미한다. 정은 몸과 마음이 흐트러지거나 움직이지 않도록 고정시키고 정지시켜 마음을 닦는 것이다. 혜는 통찰, 직관, 꿰뚫어 봄을 통해 지식과 함께 삶의 지혜를 키움으로써 마음을 키우는 것을 의미한다(오강남, 2006).

앞서 살펴본 사임당의 삶을 살펴보면 불교의 네 가지 진리가 삶에 배어 있는 경우를 쉽게 발견할 수 있다. 삶 속에 내재되어 있는 고통의 모습을 온전히 보고 그것을 피하기보다는 있는 그대로 받아들이는 모습은 고제의 진리를 이미 터득하고 있는 듯하다. 현재의 문제를 통해 고통을 감수하고 그 문제를 바라봄으로써 문제의 진면목을 바라보는 것은 바른 견해와 생각을 통해 지혜를 닦는 모습과 상통한다. 집제는 어머니로서의 모성과 여성으로서의 집착에 해당한다. 자녀를 키우는 사임당은 자녀의 양육과 교육에 집착하고, 남편에 대한 애욕은 집제의 모습이다. 자신의 집착에 따른 고통을 겪는 삶을 바르게 이해하고 괴로움의 근원을 직시하는 것, 그리고 그 괴로움을 없앨 수 없더라도 괴로움을 줄이기 위해 노력하는 모습이 바로 팔정도의 실천인 도제와 그 결과로서의 멸제다.

사임당의 삶 속에도 역시 불교의 네 진리가 녹아 있다. 자녀를 애지중지 키우며 돌보는 모습에서 집제가 느껴지는가 하면 과거에 떨어지던 큰아들을 보며 느꼈을 고통도 느껴진다. 공부를 소홀히 하던 남편을 바라보던 사임당의 마음에서도, 친정인 강릉을 떠나 어머니를 그리워하며 한시를 짓던 모습에서도 괴로움이 느껴진다. 사임당은 자신의 괴로움의 원인을 제대로 파악하고 있었다. 그래서 항상 그 그리움을 노래로 표현하면서도 마음을 다잡고, 자녀들과 남편에 대해 욕심을 덜어 내고자 노력하였다. 사임당이 도제의 방법으로 선택했던 것 중 하나가 한시를 짓고, 학문을 통해 마음을 닦는 것이었으며, 수를 놓고 그림을 그리며 예술을 통해 마음의 짐을 덜어 내는 것이었다. 그리고 삶에 대한 통찰력을 얻고자 세상의 이치에 대해 적어 놓은 학문 공부를 게을리 하지 않았다. 불교에서 말하는 도제로서의 팔정도 중 많은 것을 몸소 실천하였다.

바른 견해와 바른 생각을 가지기 위해 항상 지식을

쌓으려고 노력하였고, 바른 말과 바른 행동으로 자녀에게는 모범이 되었으며 하인들도 존경하였다. 자신이 맡은 위치에서 아녀자로서의 행실을 바르게 하고 그 역할을 다하여 바른 직업을 몸소 실천하였으며, 어떤 일을 하던 최선을 다하여 마음을 다하였다. 또한 스스로 정진을 게을리 하지 않아 삶의 고통에서 자유롭지 않을 때는 스스로 금강산의 절로 들어가 마음을 수행하였다.

사임당은 자신의 많은 역할 속에서 괴로움을 겪어 왔다. 집착의 근원인 어머니의 지위를 버리면 고통을 없앨 수 있었지만 사임당은 어머니의 지위를 스스로 버릴 수 없어 고통을 덜어내는 방법을 스스로 터득했다. 불교의 괴로움을 없애는 방법을 사임당은 삶에서 실천하며 마음속 고집멸도의 삶의 진리를 통찰하여 왔다. 부처가 자신의 짐을 훌훌 털어 버리고는 깨달음의 길을 선택했다면 사임당은 자신의 짐을 그대로 짊어진 채 삶 속에서 깨달음을 얻고 있었다. 그 깨달음을 통해 자신의 괴로움과 고통을 이해했고, 자신을 둘러싸고 있던 사람들의 아픔도 이해할 수 있었기에 자식이며, 남편 그리고 시어머니까지 모두 마음속에 품을 수 있었던 것이다.

사임당 상담 역시 이러한 사임당의 마음가짐을 바탕으로 주변인들과의 상담 속에서 주변 사람들을 포용하고 받아들이면서 함께 고통을 나누고, 자신의 고통으로 소화하였다. 고통의 근원인 집착을 버리기 위해 팔정도의 수행법을 통해 마음을 다스리면, 곧 멸도에 도달하는 것이다. 우리는 사임당 상담을 통해 집착에 근거한 고통을 버리며 수행했던 상담가의 자질과 더불어 내담자를 이끄는 방법에 접근하게 될 것이다.

3. 율곡의 심성론을 통해 본 신사임당의 유학적 마음

우리의 오랜 역사와 긴 끈을 함께 맞잡아 오던 불교와 사임당의 마음 형성에 대해 살펴보았다. 신사임당이 마음의 혼란을 잠재우고자 금강산의 사찰로 수양을 다녀왔다는 사실에서 불교와 사임당의 마음가짐이 밀접한 관련이 있음을 확인할 수 있었다. 불교에서 지향하는 부처의 마음처럼 어머니의 마음 역시 한없이 자비롭고, 세상의 아픔을 감싸 안을 수 있었음을 알아보았다. 사임당은 부처의 가르침을 통해 어머니의 마음을 형성하였다. 더불어 당시 사람들의 삶의 근간이었던 유학의 영향에서 또 다른 어머니의 마음을 형성해 갔다. 사임당이 살았던 시대는 유학이 정치적 근간이 되는 사상이었으며, 사람들의 생활에도 깊게 뿌리내리고 있었다. 고려시대는 정치적으로는 유학을 장려하고, 종교적으로는 불교를 국교로 삼았다. 하지만 사임당이 살던 조선시대는 유학이 정치적 중심이자 종교적인 역할도 감당하였다.

조선시대 양대 성리학자로 꼽히는 율곡 이이는 사임당의 아들로, 지금도 많은 학자가 율곡의 학문을 공부하고 있다. 율곡의 학문은 대만과 일본 등 동양 여러 나라에서도 여전히 연구되고 있다. 사임당 역시 유학이 삶의 근간이 되었던 시대에 살았기 때문에 사임당 마음의 형성에 유학이 영향을 끼쳐 왔음은 당연하다고 볼 수 있다. 특히 사임당 자녀인 율곡은 어려서부터 학문을 어머니에게서 배워 왔다. 따라서 훗날 큰 학자가 되는 데 사임당의 영향이 지대했다고 볼 수 있다.

사임당의 마음가짐을 형성했던 유학 이론을 율곡의 이론을 빌려 유추하고자 한다. 이 글에서는 유학의 내용이나 율곡 이이의 학문 세계를 깊이 들여다보는 것이 목표가 아니므로 사임당의 측면에서 간략히 언급하며 우리의 전통적 어머니상이 가졌던 마음에 대해 살펴보는 것에 초점을 두겠다.

사임당은 어려서부터 다양한 유학 서적을 접하였다. 사임당은 부모님으로부터 유학 교육을 받았고, 스스로도 유학 서적을 읽는 것을 즐겨하였다. 성인이 되어서는 물론 결혼을 한 후에도 학문을 가까이하며 밤이면 작은 등불에 의존하여 책을 읽는 것을 습관으로 삼아왔다. 그런 사임당이었기에 자녀들에게도 다양한 유학

서적을 읽도록 하였다. 율곡 이이 역시 어머니인 사임당의 가르침에 따라 어려서부터 『소학』, 『명심보감』 등을 시작으로 사서오학을 거쳐 다양한 유학자의 서적을 공부하였다. 율곡 스스로 뛰어난 능력을 소유하였기에 가능하였을 대학자의 길에 어머니는 습관 형성과 바른 인성을 형성하도록 이끌었다. 뿐만 아니라 어린 율곡이 책을 읽다가 궁금하거나 어려운 내용에 대해 질문하면 사임당은 함께 고민하고 함께 답을 찾아가면서 학문에 대한 열정을 키우도록 도와주었다.

사임당의 가르침을 받아 성장했던 율곡 이이의 핵심 사상을 잠시 살펴보자. 율곡 이이의 사상은 성균관대학교 한국철학과 최일범 교수의 연구논문과 율곡학회 논문집 『율곡사상연구』 제17집에 실린 숭실대학교 곽신환 교수의 논문을 토대로 정리하였다.

율곡의 핵심 사상은 '기발이승일도설(氣發理乘一途說)'로 표현할 수 있다. 율곡이 인간의 마음의 형태에 대해 바라보았던 심성론의 핵심으로 기(氣)가 발(發)한 뒤 이(理)가 승(乘)하여 하나의 도(途)를 이룬다는 것이다. 율곡은 이러한 심성론을 인심도심설과 연계하여 설명하였는데, '형기의 사사로움에서 발생한 인심과 성명의 올바름에서 근원한 도심'이 상호 전화(轉化)할 수 있다고 하였다. 인심과 도심은 두 가지 흐름이지만, 그 근원은 하나라는 원일류이설(源一流二設)과 심(心), 성(性), 정(情), 의(意)가 하나의 길이라는 심성정의일로설(心性情意一路設)을 주장하였고, 그 연장선에서 사단(四端)과 칠정(七情)의 근원에 대해서 기발이승일도설(氣發理乘一途設)을 주장하는 것이다(곽신환, 2008).

율곡의 주장은 어머니였던 사임당의 삶과 밀접한 관계가 있다고 볼 수 있다. 사임당의 삶의 단면은 율곡의 사상과 많은 부분 일치한다. 칠정과 관련 깊은 기(氣)는 사람의 감정으로 인간의 욕망과 깊은 관련이 있다. 사단은 이(理)로 사람 내면의 도심을 뜻하며 인간 내면 깊은 곳에 존재하는 것이다. 사임당은 하인들을 대할 때도 존중하는 태도를 취하였으며, 남편과 시어머니와의 관계에서도 할 말은 꼭 하는 태도를 지녔다. 또한 그림을 그릴 때는 아름다운 꽃이나 식물을 그렸을 뿐만 아니라 징그럽게 여겨지는 하찮은 곤충도 그림에 그려 넣으며 그 존재의 가치를 인식하고 있었다.

사임당은 이미 좋은 것과 나쁜 것, 인간 신분의 구분, 겉모습에 따른 선호가 무의미함을 알고 있었다. 율곡이 인심과 도심을 이기의 양면으로 나눌 수 있다고 해도 그 근원은 일심으로서 같고, 상호 전환이 가능하다고 했던 일심도심상위종시설(人心道心相爲終始設)과 상통한다(곽신환, 2008).

사임당의 이러한 태도는 사람들이 당연시 생각하는 구별과 차별을 넘어서는 새로운 생각의 씨앗이었다. 이 씨앗이 율곡을 통해 새로운 유학적 패러다임을 형성할 수 있었다. 사임당의 삶에서 이기의 구별과 인심과 도심의 차별은 매우 사소한 인간의 기호에 불과하였을지도 모른다. 사임당은 자녀와 어머니, 그리고 주변인들을 사랑하는 법을 알았으며, 그들을 어떠한 편견과 선입견도 없이 받아들이려고 노력하였다. 오늘날 상담이론에서 제기하는 무조건적 수용과 공감의 방법을 사임당은 이미 터득하고 있었는지도 모른다. 모든 것이 서로 통하며, 하나의 뿌리에서 시작하였기 때문에 서로 전환될 수 있고, 그러나 현재 우리는 그것을 구별하고 있다는 단순한 진리를 사임당은 깨닫고 있었으며, 그러한 진리를 토대로 사람들과의 관계 속에 그대로 실천으로 보여 주고 있다.

　이러한 사임당의 삶의 모습은 모든 것이 변화하고 변하지 않는 것은 오직 모든 것이 변한다는 진리뿐이라는 불교의 교리와도 상통한다. 사임당은 인간 삶의 다양한 변화를 바라보는 힘이 있었고, 인간을 둘러싼 많은 것을 통합하여 다루는 능력이 충분했다. 유학의 기본 개념인 사단과 칠정을 통해 사임당의 이러한 힘과 능력을 잠시 반추해 보자. 사임당은 고향에 계신 어머니를 그리는 마음이 간절하였다. 어머니에 대한 그리움과 슬픔은 사임당의 감정(칠정)을 통해 표출되었다. 이러한 감정에는 홀로 계시는 어머니에 대한 사단 중 측은지심이 자리 잡고 있다. 그리움과 슬픔의 감정이 발하고 그 위로 사단 중 측은지심이 올라타는 형상으로 설명할 수 있다. 율곡은 이를 '기발이승일도설'이라는 용어로 정리하였다. 사임당은 있는 감정 그대로를 드러내어 시로 표현하였고, 그 내면의 측은지심 역시 그대로 시에 묻어난다.

유학의 내용은 삶을 대하는 사임당의 마음가짐에 다양하게 영향을 끼쳤음을 알았다. 사임당은 유학의 심성론을 삶에 투영하여 삶을 이끌어 갔다. 사임당의 심성론은 남성 중심으로 변질되어 가던 당시의 심성론을 뛰어넘어 한 인간으로서 인간의 마음이 지닌 다양한 특성의 이해에서 비롯되었다. 이는 오늘날 상담학에서 다양한 특성을 지닌 내담자를 대하는 상담자라면 지녀야 할 중요한 특성 중 하나다. 인간을 특정 기준에 의해 구별하지 않고 인간의 감정과 그 내면의 특성이 상호 연계되어 있으며, 주변 환경과 개인의 노력에 따라 얼마든지 내면과 외면의 모습을 변화시킬 수 있다는 믿음은 오늘날 상담이 사임당에게 배워야 할 가장 큰 교훈일 것이다.

물론 사임당은 심성론을 통한 어머니의 마음가짐뿐

만 아니라 유학이 장려하는 아내의 모습, 며느리의 모습, 어머니의 모습을 두루 간직하고 있다. 일부에서는 그러한 사임당의 모습이 억압받던 조선시대 여성의 고착화된 이미지의 투상이라고 비판하기도 한다. 하지만 사임당의 삶은 당시의 주류였던 사상들의 영향을 받으면서도 삶을 바라보는 독특한 시각을 토대로 형성된 것이었으며, 시어머니나 남편과의 관계에서도 수동적 태도를 취하지 않고 적극적인 태도를 취하고 있다.

이는 오늘날 페미니즘의 관점에서 유학적 여성의 억압적 지위를 뛰어넘는 것이다. 사임당은 새로운 형태의 유학적 여성으로 오늘날 재조명 받을 충분한 가치가 있는 존재다.

4. 사임당의 마음에서 시작하는 사임당 상담

사임당의 삶의 전체적 모습을 살펴본 뒤 우리는 사임당의 삶 속에 숨어 있는 삶의 원리들을 발견하였다.

이를 통해 사임당의 삶에 상담적 요소가 담겨 있음을 알 수 있었고, 신사임당의 상담 요소를 탐색하는 활동을 시작하면서 먼저 사임당의 마음가짐에 대해 살펴보았다.

인간의 행동과 말은 인간의 마음에서 비롯되며, 동양철학은 이 마음을 다루고 있다. 따라서 우리는 동양철학의 마음에 대한 생각을 잠시나마 훑어봄으로써 사임당 마음에 대해 사유할 기회를 가질 수 있었다. 사임당의 마음은 불교와 유학의 영향 아래 형성되었고, 우리의 전통 어머니의 이미지와 연결되어 있다.

동양의 근간 철학으로서 불교와 유학을 바탕으로 그 마음 속 모습, 마음 내면의 삶의 태도, 마음을 다루는 방법, 다양한 것을 포용하는 마음가짐을 다루었다. 동양철학에 바탕을 둔 우리 전통 속 어머니의 마음을 사임당의 삶과 비교하며 사임당의 마음에 대해 탐구해 보았다. 불교 사성제의 삶의 진리를 이미 터득하고 있던 사임당과 만나보았다. 더불어 율곡의 학문 세계를 통해 유학의 심성론에 바탕을 두고 있는 어머니의 마음과도 대면해 보았다.

　사임당의 마음은 사임당의 생각, 삶의 방향에서 작은 행동과 말 한마디까지 영향을 미쳤다. 사임당의 마음은 사임당의 일대기를 만들어 가는 과정과 그 삶 속에서 추출한 삶의 원리를 형성하는 데도 가장 핵심적인 역할을 하였다. 사임당의 삶 속에 사임당이 주변 사람들과 어울리며 살아가면서 행했던 수많은 대화는 사임당의 마음을 통해 하나의 상담 활동이 되었으며, 바로 그 마음에서 사임당 상담은 시작하였다.

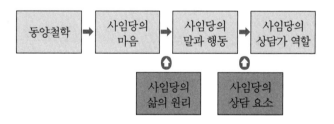

[그림 4-1] 사임당의 마음에서 시작하는 사임당 상담

5. 사임당 상담의 토대

　사임당의 삶은 한 어머니의 삶이 얼마나 많은 사람에게 큰 영향을 미칠 수 있음을 알려 주기에 충분하다. 사임당은 자신의 부모뿐 아니라 시부모의 행복감에도 영향을 미쳤으며 자녀들의 성장과 성공, 그리고 남편의 역할 수행에도 지대한 영향을 미쳤다. 사임당의 이러한 영향은 사임당이 했던 행동과 말에 기반한다. 스스로 행동하며 모범을 보여 주변 사람들의 귀감이 되었다. 사임당과 대화하는 사람들은 누구나 사임당의 온화한 기품을 인지하였을 것이며, 그 만남이 얼마나 따뜻했는지 인식할 수 있다.

　사임당의 행동과 말은 사임당의 삶의 원리에서도 이미 알아보았다. 사임당이 타인과 관계 속에 수행했던 대화는 다양한 상담 원리를 포함하고 있다. 사임당이 타인의 성장을 돕고 스스로 온화한 힘을 발휘할 수 있는 상담을 수행할 수 있었던 것은 사임당이 지니고 있던 어머니의 마음가짐과 사임당 스스로 세우고 고수해 나갔던 삶의 원칙 때문이었다.

앞서 살펴보았던 사임당의 삶과 그 삶에서 유추했던 삶의 원리들은 사임당 상담의 토대가 된다. 더불어 우리의 전통적 어머니상이 품었을 어머니의 마음가짐 역시 사임당 상담의 근간이 되는 것이다. 바로 사임당 삶의 원칙과 사임당 마음가짐을 토대로 사임당 상담은 주변인들과 상담이라는 줄기를 키워 나간다.

5

신사임당의 상담

이 글에서는 사임당의 삶의 원칙과 사임당의 마음가짐에 뿌리를 둔 사임당의 상담이 실제 생활에서 어떻게 실현되었는지에 대해 초점을 맞추어 사임당 상담이론을 구축해 가고자 한다. 실제 생활 속에서 사임당이 주변 사람들과 상담을 통해 자신의 삶의 원리를 충실히 이행하고 있는지, 더불어 사임당의 상담 원리와 기법이 오늘날 우리 교육 현실에 어떻게 적용 가능한지를 탐색할 것이나. 이 작업은 자녀 교육을 고민하는 현대의 부모에게도 큰 도움을 줄 것으로 기대한다. 사임당 상담의 특징을 네 영역으로 나눠 살펴보자.

[그림 5-1] 신사임당의 상담 영역

1. 사임당의 입지 상담

사임당은 자녀를 교육함에 있어 사임당 삶 속 원리인 '자애와 지혜로서 자녀 교육하기'와 '어머니 리더십의 발휘' 그리고 '자기계발을 통한 자아성취'를 기초로 하여 자녀를 이끌었다. 자녀 교육뿐만 아니라 남편을 내조하는 것에서부터 자신의 삶의 원칙을 만들어 가는 것까지 모두 한 개인의 삶의 목표와 원칙을 정하는 것을 중히 여겼다. 사임당은 이를 입지라 하였는데,

많은 유학 서적에 등장하는 '입지'라는 용어를 빌려 이를 삶의 가장 중요한 근간으로 여겼다. 입지는 세울 입(立)과 뜻 지(志)의 결합으로 뜻을 세우는 것을 의미한다. 곧 한 개인이 삶을 살아감에 있어 자신의 삶의 원칙을 정하고, 삶의 목표를 세워 삶을 꾸려 가는 것을 뜻한다.

사임당은 일찍이 자신의 입지를 굳건히 해 왔다. 사임당의 삶의 원리 중 하나인 '자애와 지혜로써 자녀 교육하기'에서 언급한 바와 같이 사임당은 어려서 이미 자신의 삶의 방향을 정하였다. 사임당은 평소 그림 그리기를 좋아하고 글쓰기를 좋아하여 자신의 작품을 많이 제작하였는데, 그러던 중 자신의 작품에 낙관을 찍어야 함을 발견하였다. 자신의 낙관을 만들기 위해 호를 어떻게 지을까 고민하던 사임당은 자신의 평생을 바쳐 닮고 싶은 인물을 발견한다. 인수대비가 지은 『내훈』에 등장하는 옛날 중국 주나라 문왕의 어머니인 태임(太任) 부인을 본받기로 마음을 다진다. 그리하여 본인의 호를 사임당(師任堂)이라 짓게 되었다. 사임당의 아버지는 그 호를 보고 매우 기뻐하며 사임당을 칭찬하기도 하였다. 사임당은 뜻을 세우는 입지의 중요성을 알고 있었고, 이미 어린 나이에 스스로 실천하고 있었다. 그리고 그 목표를 항상 마음속에 되뇌이고, 자신이 세운 뜻에 한 발 한 발 다가가기 위해 평생 동안 몸소 행동으로 옮겼다.

입지를 중시 여겼던 사임당은 남편을 내조하면서도 남편을 바른 길로 이끌기 위해 항상 입지에 기초하여 상담을 하였다. 뜻을 세워 그 뜻을 따르도록 이끄는 입지 상담은 사임당이 수많은 사람을 도왔던 초석이었다. 사임당은 결혼을 한 후 강릉 마을에 살았으며, 남편은 한양에서 어머니를 모시고 살았다. 당시 남편인 이원수는 다음과 같이 자신의 뜻을 밝혔다.

어릴 때 아버님께서 돌아가셔서 줄곧 어머님만을 모시고 살았소 이제까지는 마음을 잡지 못해 글자가 제대로 눈에 들어오질 않았고. 하지만 결혼도 했으니 지금부터는 학문에만 매달릴 것이오(장정예, 2009).

그 후 사임당은 남편의 뜻을 받들어 남편 이원수의 시중을 들며 학문에 정진하도록 도왔다. 하지만 이원수는 이런 저런 핑계로 글 읽기를 미루며 빈둥거렸고, 오히려 사임당의 공부에 방해가 될 지경이었다. 그러더니 어느 날, 이원수는 짐을 챙겨 강릉 북평 집을 나섰다. 이원수는 한양 어머니 댁에 가서 학문에 정진하기로 약속하고 길을 떠났다. 하지만 대관령을 넘다 말고 다시 돌아오기를 몇 번이었다.

> 대관령의 가파른 산길을 보자 나도 모르게 힘이 쑥 빠졌고, 그 고개를 넘어가면 당신을 영영 못 볼 것만 같았소(장정예, 2009).

남편의 말에 사임당은 아무 말도 하지 않고, 옆에 두었던 반짇고리를 열고 천천히 가위를 꺼내 들었다. 시퍼런 가위 날이 사임당의 머리카락에 닿으려고 하였다. 차라리 머리카락을 자르고 비구니가 되겠다는 것이었다. 새파랗게 질린 이원수가 와락 달려와 말리더니 다음 날 모진 결심을 하고 한양 길에 올랐다.

남편의 입지를 달성하기 위해서 사임당은 비구니가 될 각오로 강한 의지를 보여 주었다. 자신의 삶의 목표를 설정하고 그것을 향해 정진하는 것의 중요성을 보여 주었으며, 그것을 위해 자신의 신념과 의지를 굳건히 해야 함을 말하고 있다. 사임당의 입지 상담은 한 인간으로서의 정체성을 달성하는 것이며, 자신의 자아를 형성해 가는 강력한 상담 방법임을 알 수 있다. 사임당의 입지 상담에서 남편과의 일화는 입지를 설정한 사람의 입지를 이뤄 내기 위해서 상담가의 입장에서 어떻게 조언하며 이끌어야 하는지 보여 주고 있다.

자녀들과의 입지 상담에서는 자녀들의 입지를 설정하는 데 어머니이자 상담가로서의 역할을 보여 주고 있다. 다음은 입지 상담을 적용하여 자녀 교육을 했던 사임당의 교육철학에 대해 좀 더 살펴보자.

사임당은 평소 '지재사방(志在四方)'이란 말을 좋아하였다(손인수, 1997). 그녀는 입지가 서면 학문은 물론이고, 입덕(立德), 입공(立功), 입언(立言)이 저절로 이뤄진다고 생각했다(손인수, 1997). 입지를 통해 일생의 목표를 뚜렷이 정하고 이를 위해 나아가다보면 항상 자신의 시작하는 마음을 되새기게 되어 스스로 수행하는 삶을 살게 된다는 것이다. 사임당은 자녀들을 교육할 때마다 이렇게 말하였다.

> 공부하는 데는 먼저 입지(立志)를 성실하게 하여야 한다. 뜻을 받드는 것은 그 의지를 숭상하는 바를 받드는 것이다(손인수, 1997).

사임당의 가르침에 따라 성장한 자녀들 역시 입지의 중요성을 잘 알고 실천하고자 하였는데, 율곡은 20세에 지은 「자경문(自警文)」 1조에서 다음과 같이 입지의 중요성을 말하고 있다.

> 먼저 그 뜻을 크게 하여 성인으로서 목표를 삼고, 일호(一毫)라도 성인에 미치지 못하면 나의 일은 끝나지 아니한 것이라(이이, 임동석 옮김, 2011).

사임당이 입지를 강조한 것처럼 율곡 역시 입지의 중요성을 강조하고 있다. 사임당은 남편을 내조할 때처럼 자녀를 교육함에서도 입지를 통해 자신의 삶을 꾸려 나가도록 지도하였다. 입지는 성취동기가 되며, 동시에 습관 형성의 기반이 되었다. 오늘날 자녀를 지도하는 학교 교사 및 부모들 역시 입지의 중요성을 인식하고 자녀들이 진정 원하는 것이 무엇인지 파악하는 것이 교육의 첫걸음이 되어야 할 것이다. 자녀들의 단기적인 목표와 장기적인 목표를 설정하여 그 목표를 향해 자신의 생활을 계획하고 실천하는 습관을 들이도록 지도해야 한다. 그 목표는 단순히 학습과 관련된 것뿐만 아니라 인성 습관을 비롯하여 운동 습관이나 잘못된 행동을 고쳐 나가는 데도 활용할 수 있다.

자녀 스스로 자신의 목표를 찾는 활동이 시작되면 자연스럽게 자신의 행동을 반성하고 성찰하는 기회를 가지게 될 것이다. 또한 자신의 자아에 대해 더욱 깊이 있는 관찰을 통해 자아정체성이 높아질 것이며, 지속적으로 자신에 대한 탐색은 자신의 삶의 주인으로서 자신을 위치시키는 경험으로 확대될 것이다. 사임당이 행했던 입지 상담은 한 인간을 자신의 삶의 주인으로 인식시키는 것이며, 자신에 대해 지속적인 고민의 시간을 갖도록 함으로써 성숙한 인간을 만드는 길이 될 것이다. 상담이 본질적으로 대화 과정을 통해 한 인간의 성장과 발전을 위해 도움이 되는 과정이라면 입지 상담은 한 인간의 성장과 발전을 위한 가장 기초적인 상담이라 할 수 있다. 입지 상담은 한 인간이 자신의 삶에 대해 고민하여 한 인간으로서 어떤 삶을 살지 결정하는 과정이다.

사임당이 실천했던 입지 상담을 우리는 가정과 학교에서 지금 당장 실천할 수 있다. 꿈은 없이 학교와 학원의 방대한 학습량에 쫓기는 아이들에게 자신의 꿈을 찾고, 능동적으로 자신의 삶을 만들어 가도록 도와줄 것이다. 사임당의 입지 상담 실천 방법처럼 자신의 뜻을 스스로 찾은 뒤에는 그 뜻을 달성해 나가도록 매우 단호한 입장에서 청담자를 도와야 한다. 가정의 어머니들이 그 역할을 담당하든 상담실의 상담가가 그 역

할을 하든 입지 상담을 실천하는 상담가는 입지의 중
요성을 설명하고, 청담자 스스로 자신의 입지를 세우
도록 도와준 뒤, 그 입지를 실천할 수 있도록 이끌어야
한다. 앞서 살펴 본 사임당의 상담 방법을 본받아 실천
해야 한다. 한국 사회에서 부모의 역할이며 선생님의
역할이었던 자신의 삶에 대한 철학적 고민을 바탕으로

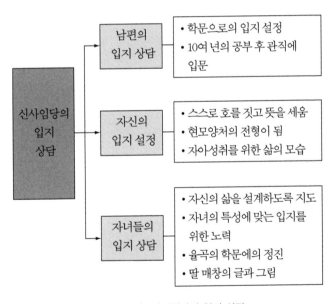

[그림 5-2] 신사임당의 입지 상담

자신의 삶의 명확한 방향 제시를 사임당의 입지 상담
을 통해 실현하게 될 것이며, 이를 통해 방황하는 아이
들의 삶을 바로잡는 계기가 될 것이다.

2. 사임당의 따스한 품 상담

자녀에 대한 사랑과 희생은 어머니의 이미지가 품고
있는 가장 핵심 영역이다. 우리는 '어머니'라는 개념을
떠올리자마자 어머니의 따뜻한 품이 함께 떠오른다.
어머니의 따뜻하고 안락한 품은 단순히 어머니의 보살
핌을 통해서만 구성된 개념이 아니다. 어머니의 자녀
에 대한 사랑은 '모성'으로 표현된다. 모성은 주로 세
가지 개념으로 구성되어 있다(조성숙, 1985). 임신, 출
산, 수유의 생물학적 요소와 양육이라는 사회적 역할
요소, 그리고 이미지적 · 가치적 요소가 그것이다(조성
숙, 1985). 우리가 느끼는 어머니의 따뜻한 품은 이 세
가지 요소와 결부되어 느끼는 것이다. 어머니의 임신

과 출산 그리고 수유 과정은 유아기적 안락함을 제공하며, 어머니와의 친밀한 관계를 유지하도록 한다. 그 후 어머니의 보살핌을 받으며 양육의 과정을 거치면서 우리는 어머니의 존재만으로도 마음의 안정을 느끼게 되며, 안전한 울타리에서 보호되고 있음을 경험한다.

세 번째 요소인 이미지적·가치적 요소는 생물학적 요소와 사회적 역할 요소의 영향과 당시 시대 배경을 토대로 형성된다. 조선시대는 유학의 영향을 많이 받던 시기로 유학의 성적 관념은 본래 남성은 남성의 성질을 발휘하고 여성은 여성의 성질을 발휘하라는 것이다(조성숙, 1985). 이에 따라 조선시대로부터 어머니의 이미지는 여성적 특성을 받아들여 생물학적 요소와 사회적 역할 요소를 여성의 책임이자 의무로 규정함과 동시에 여성성의 상징은 부드러움과 자애로움을 어머니의 이미지를 결정하는 구성요소로 포함하게 되었다.

이덕무(李德懋)는 『사소절(士小節)』에서 다음과 같이 완전한 여성상을 묘사하고 있다(이숙인, 2003).

혐의스러운 일을 멀리하고 근신하는 마음을 가지며 부
지런하고 검소하며 정숙하고 화순하며 말을 간략히 하고
안색을 화열하게 갖는 여자는 집에서는 효녀가 되고, 남에
게 시집가서는 효순한 며느리 정숙한 아내가 되고 자식을
낳으면 어진 어머니가 된다(이숙인, 2003).

이러한 여성상은 어진 어머니와 깊이 관련되어 있
다. 어진 어머니는 결국 앞서 규명한 모성의 생물학적
요소로서 자녀를 출산한 뒤 사회적 역할 요소인 자녀
에 대한 보살핌을 수행하는 것을 충족해야 한다. 그
뒤 조선시대 관점에서 보면 어머니는 이미지적 가치
로서 혐의스러운 일을 멀리하여 바른 마음을 가지고
자 노력하며, 부지런하고 검소하여야 한다. 또한 정숙
하여 말을 간략히 하고 안색을 좋게 유지하려고 노력
하는 여성이다.

조선시대 관점을 오늘날의 관점으로 변화시키면 오
늘날 우리가 추구하는 이상적 어머니상 역시 크게 다
르지 않다는 것을 알 수 있다. 오늘날 우리가 이상적으
로 추구하는 어머니의 이미지는 자녀의 출산과 양육은

물론 마음을 바르게 하여 자녀의 모범이 되고, 부지런하고 검소하여 가정 경제를 이끌고, 말을 가려서 하여 말로서 가정을 평안히 만들며, 항상 외모를 깔끔하게 유지하고자 노력하는 어머니다.

어머니의 따뜻한 품은 어머니의 모성을 구성하는 요소와 당시 사회에서 추구하는 어머니의 이미지가 융합되어 형성된다. 어머니의 모성과 상담가로서의 어머니의 모습은 매우 밀접한 관련을 갖는다. 상담은 한 인간을 바람직한 방향으로 성장하고 발전하도록 도움을 준다는 측면을 내포한다. 자녀에 대한 보살핌을 통해 자녀의 올바른 성장을 이끄는 어머니의 양육 활동 역시 상담의 의미를 이미 내포하고 있다. 어머니의 가치적 이미지로서의 어머니는 한 가정에서 상담가로서 역할을 충분히 포함하고 있다.

상담가로서 어머니는 일반 상담가보다 역할이 상당하다고 볼 수 있다. 어머니는 한 가정의 구성원으로 가족 구성원과 매우 친밀하며, 그 구성원의 성장에 많은 부분 관여한다. 따라서 가족 내 청담자로서의 가족 구성원은 어머니의 보살핌 속에 성장하였기에 어머니에 대한 기억을 공유한다. 우리가 앞서 살펴본 모성의 구성요소를 충족하는 어머니라면 청담자로서 자녀는 어머니에게 친밀감과 따뜻함을 느낄 것이며, 자신의 아픔을 공유하고 치유 받고자 할 것이다. 자발적으로 상담 과정이 진행될 소지가 충분한 것이다.

어머니의 품은 자녀 입장에서 생물학적 출산과 수유의 품이었으며, 어머니의 보살핌을 받으며 성장한 사회화의 출발점이었다. 자녀는 그 품에서 안전하게 보호받고, 자신의 생명을 시작하였고, 자신의 자아감을 형성하기 시작하였다. 사회에서 여러 역할을 수행하면서 자녀는 많은 어려움과 고난을 겪게 되고, 안락했던 어머니의 품을 그리며 그 품으로 회고하게 된다. 많은 사람이 복잡한 사회 속에 살다가 어느 순간 고향을 그리워하는 것과 같은 것이다. 사임당은 7남매를 키우면서 어진 어머니이자 따뜻한 품으로 자녀를 감싸 안았다. 사랑과 보살핌을 주지 않고는 자녀들이 바르게 성장하지 못했을 것이다. 사임당의 따뜻한 품은 자녀들의 성장을 이끄는 밑거름이었다. 사임당은 조선시대 모성의 요소를 두루 갖추었으며 모성의 따뜻함으로 자녀들을 품었다. 사임당의 따뜻한 어머니로서의 상담을 어머니 품 상담이라고 칭하는 이유가 바로 이 때문이다.

사임당이 실천했던 따뜻한 안식처로서 어머니의 품 상담은 어머니의 모성에 근간을 두고 있다. 사임당은 모성을 바탕으로 어머니의 마음가짐과 사임당의 삶의 원리를 실천해 나갔다. 사임당의 어머니 품 상담은 맏아들의 사례를 통해 확인할 수 있다.

신사임당은 맏아들 준이 어려서부터 학문을 닦아 여러 차례 과거에 응했으나 뜻을 이루지 못하자, 그럴 때마다 낙심하지 말고 입지를 굳게 가지라고 타일렀다. 자녀에 대한 사랑과 희생은 어느 어머니나 마찬가지다. 그러나 그중에서도 뜻이 서지 않는 자녀를 키우며 남몰래 눈물과 고통을 참아야 하는 어머니의 정성은 더욱 깊고 크기만 하다. 사임당은 비록 힘들고 가슴 아팠으나 겉으로 드러내지 않고, 맏아들을 격려하며 자신의 뜻을 펼칠 수 있도록 하였다. 사임당은 "사람이란 꼭 과거에 올라야만 나라에 충성하고 부모에게 효도하는 길이 열리는 것은 아니다. 모든 일이 마음먹기에 달렸으니 너무 낙심하지 말고 조용히 학문을 닦아라."라고 말하였다.

사임당은 항상 따뜻한 품으로 자녀를 얼싸 안았으며, 그 품속에서 자녀들은 자신의 길을 찾고자 노력하였다. 어머니의 품은 내담자의 감정과 아픔을 모두 수용할 수 있었으며, 그 받아들임을 통해 자신의 마음의 아픔을 다시 돌아보는 기회를 줄 수 있었다. 자신의 아픔과 고난을 온전히 나눌 수 있는 누군가가 있다는 것만으로도 우리가 유아 시절 따뜻하고 안락하게 느꼈던 어머니의 품을 다시 느끼게 되는 것이다. 그 감정 속에서 우리는 자신의 발전과 성숙에 한 발 다가서는 경험을 하게 된다. 바로 어머니의 품 상담은 공감과 수용을 기반으로 따뜻한 모성을 통해 어머니의 품 속에서 자신의 아픔을 되돌아보는 충분한 기회를 부여하여 청담자의 성장을 돕는 것이다.

사임당의 품 상담은 모성과 결합한 포용력으로 기존의 상담학의 공감과 수용보다 그 깊이와 넓이가 훨씬 크다. 기존의 공감과 수용은 제3자의 입장에서 청담자를 있는 그대로 비판 없이 그 감정과 생각을 받아들이는 것인데 비해 사임당의 품 상담은 청담자의 과거와

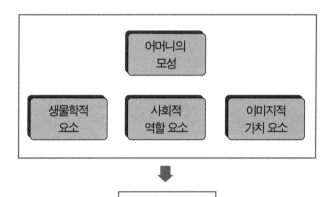

[그림 5-3] 사임당의 품 상담

현재를 모두 수용하면서 자애와 사랑을 바탕으로 하는 받아들임을 뜻한다. 그 받아들임은 청담자를 자신의 자녀인 듯 온전히 청담자의 편이 되어 청담자의 잘못까지도 인정하면서 받아들인다.

사임당의 품 상담은 단순히 상대편의 행동이나 말에 인지적·감정적 이해를 하는 수준이 아닌 청담자를 내 자녀라고 느낄 정도로 온몸과 마음으로 품어내는 수준의 상담 태도다. 이러한 태도는 인간에 대한 폭넓은 이해와 세상에 대한 넓은 시각이 기반이 된 상태에서 가능하다. 따라서 상담가는 항상 인간에 대한 사랑의 깊이를 키워야 한다. 청담자를 자녀로서 끌어안는 넓은 포용력과 자애의 마음가짐은 앞서 살펴보았던 동양철학에 기반을 둔 폭넓은 인간에 대한 이해가 바탕이 되어야 한다. 더불어 어머니의 이미지가 품고 있는 모성애적 관용을 베풀 때만이 가능하다.

상담가는 사임당의 삶을 전반적으로 이해하는 것은 물론 사임당이 실천했던 따뜻한 어머니의 품을 따르고 배우려고 항상 노력해야 한다. 이러한 노력이 동행될 때 사임당 상담은 실천 가능하다.

3. 사임당의 인내평 상담

사임당은 모든 사람을 평등하게 대했다. 오늘날의 관점에서 보면 당연한 것 같지만, 사임당이 살았던 시대상을 고려해 보면 사임당의 행동은 매우 파격적인 것이었다. 물론 오늘날에도 평등사상은 일반화되었으나 사람들은 모든 사람을 평등하게 대하는지 의문을 품을 만하다. 과거 시대가 신분에 따라 차별이 존재했다면 오늘날은 시장경제체제의 논리에 따라 운영되는 자본주의의 영향 아래 빈부 격차가 곧 차별의 원인이 되고 있다. 우리는 현대 자본주의 사회에서 상업 시설을 방문해서도 차별을 경험한 적이 있으며, 심지어 국가기관에 의해서도 그러한 경험을 하고 있다. 오늘날 우리의 경험에 비추어 보면 평등사상이 등장하기 이전 시대에 살았던 사임당의 행보는 평등의 가치를 되새기

게 한다. 사임당의 평등사상을 자세히 알아보기 위해
서 사임당이 주변인에게 했던 행동과 말을 살펴볼 필
요가 있다. 사임당의 평등 상담은 자녀들의 교육, 하인
들과의 관계에서 여실히 드러난다.

근대 이전의 고대, 중세 시대는 우리나라뿐만 아니
라 세계적으로 신분계층에 따르는 삶을 살아갔다. 사
임당이 살던 조선전기는 엄격한 신분제도에 따라 국가
의 기틀을 마련해 가던 시기였다. 이 시기 노예제도는
당연히 존재하였으며, 노예는 한 집안의 소유물처럼
팔고 살 수 있는 존재였다. 인간이기는 하나 권리는 없
었으며, 인권이 있는 존재로 존중받지 못하였다. 그러
나 사임당은 집안에서 부리던 하인도 인격이 있는 존
재로 존중하고 함께 살아가는 가족으로 여겼다.

사임당이 친정살이를 하다가 홀로 남편과 지내는 시
어머니가 안타까워 한양살이를 결심하고 시댁으로 왔
을 때 시어머니는 홀연히 살림을 모두 맡겼다.

"자, 이제 네가 모든 살림을 주관해 보아라. 이게 열
쇠 꾸러미다. 없는 살림이라 힘은 들겠지만, 아이들이

다 잘 컸으니 희망을 갖고 잘 꾸려 보아라. 외아들한테 시집와서 이렇게 많은 손자손녀를 안겨 주니 정말 고맙구나."(장정예, 2009)

이렇게 시작한 살림이었지만, 함께 일하던 하인인 양평댁은 나이가 들어 자주 허리가 아프고 무릎이 시려 많은 일을 할 수 없었다. 시어머니는 살림을 맡기며, 양평댁이 전처럼 일을 할 수 없으니 딴 곳으로 보내고 새로운 하인을 들이라고 말하였다(안영, 2008). 이 말을 들은 사임당은 깜짝 놀라며 만류하였다. 이십 년도 넘게 시어머니와 자매처럼 지내며 동고동락해 왔던 분인데, 이제 나이 들어 일손이 느리다고 어찌 내칠 수 있단 말인가(안영, 2008).

"아이들도 모두 이모할머니라 부르고 있습니다. 절대로 딴 생각 마시고 함께 계십시오. 어머님 말동무만 해 주셔도 큰 덕을 베푸는 것입니다."(안영, 2008)

사임당은 이렇게 말하며 나이 든 하인 양평댁을 시어머님과 함께 지내게 하면서 결국 모든 가정일을 도맡아 하게 되었다. 당시 양반 가정의 아녀자로서 손수

손에 물을 만지며, 하인을 오히려 돌보는 포용력을 보여 주었다. 사임당이 하인에게 그러한 태도를 취하게 된 것은 다름 아닌 '인간이 곧 평등하다.'는 생각에 근거하고 있다. 사임당은 하인을 단순히 신분계층에서의 노비로 여기지 않고, 시어머니와 오랜 시간 함께했던 친구이자, 아이들의 호칭처럼 이모할머니와 같은 존재로 생각하고 있다. 사임당에게는 제도적으로 나눠진 계층보다 모든 사람은 인권으로서의 존중받을 권리가 있는 평등한 존재로 인식하고 있는 것이다. 사임당의 평등에 기초한 상담의 방법은 자녀를 키우는 어머니로서의 양육 활동에서도 찾아볼 수 있다.

사임당은 7남매를 두었다. 오늘날과 비교하면 매우 많은 자녀를 낳은 것이다. 사임당은 많은 자녀를 낳았으나 자녀들에게 항상 동등하게 대하였다. 조선시대 남아선호사상에 따라 아들에게 잘해 주지도 않았으며, 뛰어난 능력을 소유했던 율곡에게만 특별히 잘해 주지도 않았다. 항상 같은 말과 행동으로 모든 자녀를 한결같이 대하였다. 율곡이 과거에 여러 번 합격하였으나 자만심을 경계하고 항상 겸손하도록 일깨웠다. 매번 과거에 떨어지는 큰아들 선에게는 항상 따뜻한 위로와 함께 입지를 굳건히 하여 스스로의 삶을 헛되이 여기지 않도록 조언하였다.

사임당은 모든 사람이 평등하다는 입장에서 사람들과 대화하였고, 이를 통해 사람들은 타인을 존중하고, 타인과 함께 살아가는 법을 깨달았다. 타인의 인격을 존중하고, 모든 사람을 평등하게 대하도록 한 개인의 인격적 성숙을 돕던 사임당의 상담은 '모든 사람은 평등하다.'고 생각했던 사임당의 생각을 빌려 '인내평(人內平) 상담'이라 칭할 수 있다.

'인내평(人內平)'이라는 단어는 사임당의 평등 개념을 설명하기에 충분한 단어다. '인내평'이란 사람 인(人), 안 내(內), 평등할 평(平)으로, 모든 사람의 내면의 평등함을 의미한다. 이는 사람의 외면은 비록 평등해 보이지 않으나 내면에 지니고 있는 인간 본연의 모습은 평등함을 의미한다. 신분사회였던 조선에서 신분이 다르고, 직업, 재산, 외모 등은 서로 다르지만 인간으로서 가지고 있는 본성과 기본적 권리가 같음을 뜻한다.

사임당은 사람이 소유하고 있는 것이 다를지라도 내면의 인간다움은 모두 같은 것으로 존중하였다. 오늘날 역시 사람들이 살아가는 삶의 모습과 조건은 다를지라도 모두 인간 본연의 성품을 간직하며 살아간다는 측면에서 '인내평'의 개념을 되새겨 보아야 한다. 특히 사람의 성장을 돕는 상담가 입장에서는 각기 다른 삶의 형태 속에서도 청담자 내면에 꿈틀거리는 인간성에 대한 믿음을 키워 나가기 위해서도 '인내평 상담'을 실천하기 위해 노력해야 한다.

사임당의 인내평 상담은 다음 일화를 통해 더욱 깊이 새길 수 있다. 사임당은 평소 자녀들의 인성교육을 으뜸으로 생각하고 지도하였다. 하지만 아이들이 사임당의 가르침에 따라 항상 행동한 것은 아니었다. 다음은 안영의 글에 실려 있는 이야기로, 사임당의 인내평 상담 사상을 엿볼 수 있는 일화다.

사임당이 스무 살 매창과 열여섯 자미화와 함께 인수대비가 지었던 『내훈(內訓)』의 「언행장(言行章)」을 읽고 있을 때였다.

　"너, 이리 못 나와? 네가 내 동생을 놀려? 내가 가만두나 봐라. 어서 나와!"

　이웃 사내아이의 성난 목소리였다. 딸 봉선화가 겁을 먹고 후다닥 마루로 뛰어올라 어머니 품으로 안겨 왔다.

　"아니, 웬일이냐? 네가 무얼 잘못한 게로구나. 무슨 일인지 차근히 말해 보게."

　"마님도 아시다시피 누군 꼽추가 되고 싶어서 되었습니까? 봉선화가 우리 삼순이를 놀려대는 바람에 놀다 말고 들어와 엉엉 울고 있습니다."

　사임당은 놀랐다. 방 안에서 큰 아이들에게 좋은 글을 읽히고 있는 동안 열 살 난 딸 봉선화는 남에게 상처를 주고 다녔음을 생각하니 부끄럽기 짝이 없었다.

　"총각, 정말 미안하네. 봉선화야 이리 나오너라."

　사임당은 딸을 데리고 당장 삼순이네 집으로 갔다. 그리고 그 꼽추인 삼순이의 어머니 손을 붙잡고 무릎을 꿇었다.

　"다 이 에미의 불찰입니다. 용서해 주십시오. 다시는 그런 일이 없을 것입니다."

딸 봉선화 역시 어머니가 하는 대로 무릎을 꿇고 빌었
다. 사임당은 삼순이에게 직접 사과하도록 딸을 지도하였
으며, 직접 용서를 비는 모습을 보여 주었다(장장예,
2009).

사임당의 신분은 양반이었으며, 삼순이의 집은 상민
의 신분이었다. 엄격한 신분사회였던 조선시대에서 사
임당은 신분을 뛰어넘는 말과 행동을 보여 주고 있다.
사임당은 신분에 근거하지 않고, 모든 사람을 평등한
위치에서 바라보고 있으며, 평등한 입장에서 상대방을
대하고 있다. 비록 양반이기는 하나 상민의 단점을 들
어 놀렸던 자신의 딸에게 잘못을 빌 것을 교육함은 물
론 자신이 가르치고 교육할 부모로서 직접 무릎을 꿇
고 용서를 구하는 모습은 그 모습을 지켜보는 자녀들
을 감동시키기에 충분하다. 사임당은 외모, 장애 등의
편견 없이 존재하는 그대로 인간이라면 존중하고, 자
신의 잘못을 뉘우치며 어머니로서 솔선수범의 태도를
보이고 있다.

앞서 살펴본 사례를 통해 사임당의 인내평 사상에 대해 알 수 있었다. 이제 그 사상에 기반을 둔 상담의 형태를 좀 더 구체화해 보자. 상담가가 인내평 상담을 실천하기 위해서는 타인을 바라보는 관점에 편견이나 선입견이 없는지 확인하는 작업이 필요하다. 모든 사람은 평등하다는 기본 원리에 충실하여 편견이나 선입견을 제거한 상태에서 상담에 임해야 한다. 상담 전 상담가가 인내평 자질을 갖추었다면, 상담 중 상담가는 지속적인 모니터링을 해야 한다. 상담가는 타인의 인종, 국적, 직업, 소득, 성별, 사는 지역 등에 따라 자신만의 생각을 가지고 상담에 임하지는 않는지 항상 모니터링하는 자세를 갖추어야 한다. 상담 중 자신이 인내평 사상에 어긋나는 말이나 태도를 취한다면 당장 그 부분에 대해 청담자에게 사과하고 자신의 잘못을 수정해야 한다. 이는 상담가 스스로의 발전을 위해서도 필요하며, 청담자의 성장을 위해서도 반드시 요구되는 상담 기법이다.

상담가가 자신의 잘못을 인정하는 태도를 접하면서

청담자 역시 자신의 잘못을 시인하는 태도를 배우게
될 것이며, 상담가와 좀 더 마음을 터놓고 자신의 모습
을 반추하는 기회를 가지게 된다. 또한 청담자는 상담
가의 인내평 사상을 배우게 될 것이며, 이를 통해 청담
자의 인간관계 개선에 기여하게 될 것이다. 이는 사임
당이 실천했던 사례처럼 지위를 뛰어넘는 발전적 인간
관계를 형성하는 밑거름이며, 더불어 사임당의 딸 봉
선화가 배웠던 것처럼 잘못에 대한 인정과 다시는 그
런 잘못을 저지르지 않으려는 의지의 내면화로 이어질
것이다.

사임당의 인내평 상담은 상담가의 '모든 사람이 평
등하다.'는 기본 원리에 기초하여 청담자를 상담자와
대등한 인간으로 보고 상담을 시작한다. 그 상담 활동
이 지속되는 동안 상담가는 평등하게 청담자를 바라보
고, 스스로 역시 평등하게 대우 받기를 요청할 수 있
다. 청담자 역시 자신의 행동과 말을 평등의 관점에서
이해받기를 원하며, 상담자에게 평등의 원칙으로 상담
이 진행되길 희망한다.

결국 인내평 상담에 근거한 상담은 '평등'의 기본 원칙에 따라 인간의 기본 권리를 인정해 주고 타인과 동일하게 인간으로서 책임과 의무를 하도록 청담자를 훈련시키는 상담이다. 이 상담을 통해 우리는 한 인간이 갖추어야 할 기본 권리와 책임의식을 모두 내면에 채워 넣음으로써 청담자의 발전과 성장에 기여할 수 있는 것이다.

4. 사임당의 가족상담

사임당은 한 가정의 딸로서, 한 가정의 아내로서 그리고 부인이자 며느리로서 훌륭한 가족상담가라고 할 수 있다. 한 가정의 어머니로서 가족상담의 중심이 된 사임당은 가정의 행복을 위해 큰 역할을 하였다. 가족상담은 일반적으로 가족 외부의 상담가가 가족의 구성원 일부나 전원에 대해 상담을 통해 가족 내부의 문제를 해결하거나 가족 구성원의 행복을 돕는 상담이다.

가족상담이 가족의 문제를 해결하고, 가족원들의 원만한 관계 형성에 도움을 준다고 하여도 가족 전체가 상담을 받기란 많은 어려움이 있다. 가족 구성원이 동일한 시간이나 동일한 상담가에게 상담을 받는 것이 일반적이기 때문에 상담을 받기 위해서는 많은 제약이 따르게 마련이다. 이러한 어려움을 극복하는 방법으로 가족 구성원 중 가족의 문제를 해결하고, 가족 구성원의 상호 관계를 원만하게 형성하도록 돕는 상담가의 역할을 하는 존재가 있다면 가족의 행복은 더욱 가까이 존재하게 될 것이다.

　사임당의 가족상담가로서의 역할은 서구의 가족상담 역사에 비하면 상당히 오래되었음을 알 수 있다. 사임당이 살았던 시기는 임진왜란이 일어나기 전으로, 14세기로 거슬러 올라간다. 서구의 가족치료 발아기를 일반적으로 1960년대로 보고 있다. 정신건강연구소(MRI)의 가족 연구에서 시작하여 일반 대중에게 가족치료에 관한 인식을 심어 주기 시작한 시기를 발아기로 본다(김유숙, 2006).

서구를 비롯하여 많은 상담이론가들은 한 인간의 성장에 어머니의 영향이 매우 큰 영향력을 발휘하는 것으로 파악하고 있다. 어머니를 비롯한 가족 구성원의 형태 및 구성원 간의 유대 관계는 한 인간의 성장과 발전에 지대한 영향을 미친다. 이러한 영향을 발전시켜 프로이트를 비롯한 정신역동분석가들은 대상관계이론, 오이디푸스 콤플렉스 등의 이론을 발달시켰다. 이후 행동주의와 인지주의를 거치면서 가족상담과 가족 치료에 대한 연구는 계속되었다. 우리나라 가족상담의 뿌리는 서양의 이론을 빌려와 그 기반을 형성한 것처럼 여겨지고 있으나 우리 역사 속 많은 인물들의 대화와 행동을 살펴볼 때 우리 안에 이미 가족상담이 존재하고 있었음을 확인할 수 있다. 다만, 이것을 이론화하여 학문적으로 연구하지 않았을 뿐 가족 구성원 모두가 함께 행복하고, 서로의 발전적 관계를 형성하도록 돕는 형태의 대화와 타인의 개입은 존재하였다. 우리는 사임당의 삶을 통해 이를 확인하며, 사임당의 가족상담의 특징을 분석하도록 하겠다.

네 아들과 세 딸, 모두 7남매를 둔 사임당은 항상 자녀들을 바르게 이끌고 이해하려고 노력하였다. 사임당은 자녀들을 이해하려고 노력하였다. 그들이 하는 말을 참을성 있게 듣고, 묻는 말이 있으면 일일이 친절하게 대답해 주었다. 사임당은 자녀에게뿐만 아니라 남편과 시어머니를 대할 때 역시 항상 끝까지 듣고, 자신의 생각과 감정은 짧게 드러내는 대화법을 사용하였다. 가족끼리 모여 대화를 할 때면 항상 서로의 감정과 생각을 고려하며 대화를 중재하였다. 사임당의 이러한 능력은 사임당의 가족상담가로서의 능력을 확인할 수 있는 부분이며, 가족을 평화롭게 이끌었던 한 어머니의 지혜이기도 하다. 사임당의 가족상담의 핵심은 경청과 경청을 통한 역지사지(易地思之)의 마음가짐, 그리고 솔직한 소통이라고 할 수 있다.

　사임당의 남편 이원수는 글공부에 취미가 없어 학문정진에 매우 인색하였다. 짧은 시간 학문을 하고는 긴 시간 동안 그 내용에 대해 말하기를 즐겨하였다. 남편 이원수가 공부에 재미를 붙여서 자랑 삼아 이야기할 때에도 사임당은 조용히 들어주었을 뿐 별다른 잔소리를 하지 않았다(노유진, 2009). 남편이 공부가 잘 되어 말을 늘어놓자 사임당은 조용히 경청한 뒤 남편의 마음을 역지사지의 태도로 이해하기 위해 노력하였을 것이다. 사임당은 이미 결혼 후 남편을 한양으로 보내면서 몇 번이나 되돌아오던 남편의 모습 앞에서 자신의 머리카락을 모두 잘라 내려는 의지를 보여 주며, 남편을 떠나보냈던 경험이 있었다. 사임당은 남편의 성품에 대해 이미 아는 상태였기 때문에 항상 남편의 마음을 이해하려고 노력하였다. 짧은 시간이나마 공부를 한 뒤 자랑처럼 말하는 남편에게 사임당은 "서방님, 그렇게 글공부가 잘 되시는데, 소감이 어떠신지요?"라고 묻고는 남편이 하는 말을 다시 적극적으로 경청하였다(노유진, 2009). 사임당의 이러한 경청은 10년이 흐른 뒤에 남편이 벼슬을 하기까지 지속되었다. 그 덕분인지 남편 이원수는 '부인 덕분에'라는 말을 자주 하곤 하였다.

사임당은 남편의 말을 경청하면서도 한편으로는 자

신의 생각과 신념을 통해 남편을 이끌었다. 앞서 살펴본 바와 같이 결혼 후 친정살이를 하던 사임당 곁을 떠나지 못하던 남편 이원수가 학문을 위한 길을 가고자 마음먹었던 의지가 매번 꺾일 때마다 침묵으로 일관하다 머리카락을 자르려는 단호한 결심을 통해 자신의 생각을 전달하였다. 여기서 우리는 사임당의 소통의 방식과 가족상담 방법의 특징을 다시 한 번 파악할 수 있다. 사임당은 가족들과의 대화에서 경청을 통해 상대방의 현재 상황과 마음 상태를 파악하고, 역지사지의 태도로 이해의 폭을 넓히려고 노력한다. 그 후 상대방의 입장이 되어 본 후 다시 상담가의 입장에서 자신의 생각과 감정을 대화와 행동을 통해 솔직하게 내어 보이는 방식으로 가족들과의 상담을 진행하고 있다.

상담가의 경청은 청담자의 마음속 생각이나 문제를 투명하게 드러나도록 유도하는 역할을 한다. 가족 구성원은 자신의 이야기를 하면서 자신의 생각과 감정을 정리할 수 있는 기회를 가지게 되며, 가족 내에서 본인이 하고 있는 역할과 행동에 대해 반추할 수 있는 시간을 갖게 된다. 그 후 역지사지의 태도로 이해하는 가족 내 상담가의 태도는 청담자가 현재 이해되고 있음을 느끼게 한다. 청담자는 그 자체만으로도 자신의 감정을 내려놓는 경험을 하게 될 것이다. 상담가는 청담자가 감정을 추스른 후 자신의 생각과 의지를 솔직하게 보여 줌으로써 솔직하고 진솔한 소통이 가능해진다.

사임당의 이러한 가족상담은 가족원 한 명과의 대화에서만 드러나는 것이 아니라 여러 명이 함께 대화를 하는 순간에도 집단상담의 상담가처럼 가족 내 상담가가 되어 경청, 역지사지의 이해, 솔직한 소통의 순서로 상담 활동을 진행한다.

사임당은 건강이 좋지 않은 날이 여러 날 있었다. 사임당이 오랜 시간 누워 있던 후 자녀들을 모아 놓고 자녀들의 생활을 돌보곤 하였다. 몸이 좋지 않은 날이면 시어머니와 아랫사람들이 아이들을 돌보았는데, 자녀들에 대한 교육의 중요성을 강조하던 사임당은 행여나 자녀들이 그릇된 언행을 하지 않았나 항상 점검하였다. 사임당의 이러한 가족상담가로서의 역할을 통해 자녀들은 형제자매와의 관계에서 자신의 행동과 말을 돌아보는 기회를 가질 수 있었으며, 가족 구성원 간의 문제를 해결하여 서로의 신뢰를 찾을 수 있었다. 오늘날 가족 간 대화가 사라지고 있는 시점에서 가족 간 대화의 시간을 만들어 갔던 사임당의 모습은 오늘날의 부모가 본받아야 할 부모 교육의 대표적인 사례라고 할 수 있다.

다음은 안영의 글에 실려 있는 사임당과 아이들의 대화다. 오랫동안 몸져누워 있던 사임당이 오랜만에 몸을 추스르고 아이들을 불러 모았다.

"엄마가 아파서 너희를 돌보지 못해 미안하다. 선아. 네가 맏형 노릇하느라 수고했지?"

"아니요, 저는 별로 한 것도 없어요. 매창이 수고하지요."

"그래, 매창이 수고했다. 번이는 어떻게 지냈니? 왜 엄마를 안 봐? 엄마 좀 쳐다보렴."

"공부도 하고 놀기도 하고 그랬어요."

"우리 자미화는?"

"산가지로 셈 놀이도 하고 언니한테 글 배우며 지냈어요."

"우리 현룡이는 어떻게 지냈나?"

"형아랑 누나들이랑 잘 지냈어요. 『소학(小學)』, 『효경(孝經)』, 『명심보감(明心寶鑑)』 다 읽었어요."

그때 어머니 이씨가 찐 감자를 소쿠리에 담아 가져왔다.

"아이고, 살 만하니? 오랜만에 가족이 다 모였구나. 이거 먹으면서 이야기해라."

잠시 멈춘 사임당의 말이 계속된다.

"학문의 길은 멀다. 촌음을 아껴 써야 한다. 우리 선이도 열일곱 살이면 다 컸다. 번이도 열 살 아니냐. 공부 열심히 해야 한다."

"네."

"그러나 공부보다 더 중요한 것이 있다. 집에 들면 부모에게 효도하고 밖에 나가면 어른께 공손해야 한다. 엄마 아파 누워 있는 동안 할머니 공경 잘했니? 마음에 꺼리는 것들 없어?"

"밖에서 놀다가 아이들하고 싸우고 늦게 들어와서 걱정 끼쳐 드렸어요."

번이 한마디 대답했다. 사임당은 번의 성격이 다소 과격해 은근히 걱정이 되었다.

"그래? 우리 번이 그 말, 스스로 해 주니 고맙구나. 그게 바로 정직함이지. 그래서 네가 아까 엄마 눈을 똑바로 쳐다보지 못했구나. 너희 모두 잘 들어라. 누구든지 한두 번 잘못은 할 수 있어. 그러면 얼른 뉘우치고 용서를 빌어야 한다. 안 그러면 너희도 엄마 눈 똑바로 보지 못하니 불편하지. 잘못을 빌면 용서 안 할 엄마가 어디 있겠니. 알겠지."

"네."

한꺼번에 여럿이 대답을 한다.

사임당은 자녀들과 대화를 하며 자녀들의 일상이 어떠했는지 묻고, 자녀들의 이야기를 듣고 있다. 자녀들에게 한 명씩 무엇을 하며 지냈는지 묻고는 그 대답에 어떠한 확인이나 설명을 곁들이지 않는다. 이는 자신의 생활을 스스로 확인하도록 하기 위함이며, 더불어 형제자매 간에 서로의 생활을 들여다봄으로써 서로 배우도록 이끌기 위함이다. 사임당은 경청의 힘을 믿고 있었다.

사임당은 엄마의 시선을 피하는 번의 모습에서 이미 번의 생활에 어떤 변고가 있었음을 인지하지만 번의 대답을 들은 후 아무런 질문을 하지 않고 다른 자녀에게 같은 질문을 반복하고 있다. 이에 사임당은 학문에의 정진과 항상 행동을 조심해야 한다는 짧은 설교를 덧붙인다. 그 후 "엄마 아파 누워 있는 동안 할머니 공경 잘했니? 마음에 꺼리는 것들 없어?"라는 짧은 질문을 던진다. 어머니의 질문에 번은 자신의 잘못을 말한다. 사임당의 짧은 질문을 통해 솔직한 소통으로 이어지고 있다. 그 뒤 사임당의 말에서 우리는 가족상담을 이끄는 사임당의 태도를 엿볼 수 있다.

사임당은 번이 자신의 잘못을 스스로 말한 것만으로도 아들에게 고마움을 표한 뒤, 바로 그것이 정직함이라고 오히려 칭찬을 하고 있다. 자녀들의 이야기를 경청하는 태도를 통해 자녀들은 자신의 잘못을 시인하고, 자신을 성찰하고 반성하는 기회를 가지도록 하고 있다. 경청 뒤 번의 성격에 대해 이미 알고 있던 어머니 사임당은 역지사지의 마음으로 그것을 헤아려 잘못을 칭찬으로 돌려 문제를 해결하고 있다. 그 뒤 사임당은 자신의 생각을 진솔하게 표현하는데, 누구나 잘못을 할 수 있고 잘못을 한 뒤에는 반드시 용서를 빌어야 한다고 설명함으로써 앞으로의 행동에 대해 새로운 교훈을 주고 있다.

사임당의 가족상담은 오늘날 가정을 돌보는 부모에게 인성의 중요성을 일깨우고 있다. 오늘날 부모들은 자녀의 지식 교육을 중시하여 자녀의 일상생활에는 관심이 없는 경우가 많다. 자녀의 심경 변화나 생활 속 어려움보다는 성적과 능력을 높이는 것에 에너지를 쏟고 있다. 자녀들이 가정에서뿐만 아니라 가정 밖에서 어떤 인간관계를 형성하고, 어떤 말을 하며, 어떤 행동을 하고 있는지 파악하는 일은 부모로서 당연한 책임일 것이다. 물론 그 행동과 말 하나하나를 모두 파악하지는 못할지라도 자녀와 대화의 시간을 마련하고, 자녀의 이야기에 경청하며 자녀를 이해하고 먼저 삶을 살아간 선배로서 자신의 생각을 말하며 서로 소통하는 시간을 갖는 것은 매우 중요하다.

사임당은 자녀들과 지속적인 소통을 통해 자녀들이 스스로 자신의 언행을 살펴볼 수 있도록 하였으며, 삶의 자세와 태도에 대해 깨닫도록 이끌었다. 가족 구성원 개개인뿐만 아니라 모두가 함께하는 소통의 시간과 공간은 서로를 스승 삼아 배울 수 있는 공간이 되었으며, 서로의 성격과 특성을 이해하여 원만한 가족 구성원 간의 관계 형성에도 도움을 주었다.

다음 사례 역시 안영의 글에 실려 있는 사임당과 자녀들의 대화로, 이 대화를 통해 우리는 사임당이 실행했던 가족상담의 특징을 다시 한 번 확인할 수 있다.

한여름 오후, 사임당과 자녀들은 이야기를 하기 위해 모두 모여 앉았다(안영, 2006).

"선아, 네가 매창이랑 둘이서 여기저기 기둥 글 좀 갈아 붙여 볼래?"

"네. 이번에는 무슨 글귀로 할까요?"

"응, 낙견선인(樂見善人), 낙문선사(樂聞善事), 낙도선언(樂道善言), 낙행선의(樂行善意), 무슨 뜻인 줄 알겠느냐?"

"네. 선한 사람 보기를 즐기며, 선한 일 듣기를 즐기며, 선한 말 하기를 즐기며, 선한 뜻 행하기를 즐겨라, 이런 뜻 아닌가요?"

선이 대답한다.

"그렇다. 모두 오며 가며 자꾸 읽어서 마음에 새겨야 한다. 알아들었지?"

"네."

"어디 우리 번이가 말해 볼래? 선한 말하기를 좋아하는 게 무엇이라고?"

"낙행선의입니다."

"그래?"

"아닌데, 낙도선인입니다. 어머니."

현룡이 조그맣게 말했다.

"가만히 있어."

번이 울컥 화를 내며 말했다.

"번아. 동생한테 그러면 되니?"

"현룡이가 대답을 가로채잖아요."

사임당은 바로잡았을 뿐이라고 말하고 싶었으나 참았다. 둘째 번은 동생이 저보다 잘하는 게 늘 못마땅한 듯했다. 그러나 야단을 치다가는 역효과가 나리라 싶어 조심조심 다루었다. 사임당은 오히려 현룡에게 한마디 하고 만다.

"그래, 현룡아. 형이 대답할 때 가만히 있거라."

어머니가 아낀 말을 누나 매창이 기어이 뱉어내고 만다.

"참, 틀리니까 맞게 대답한 걸 가지고, 뭘."(안영, 2006)

사임당은 자녀들과 대화를 하면서도 자녀들의 특성을 파악하며 대처하고 있다. 번이 잘못을 하였으나 번의 잘못을 바로 지적하기보다는 현룡의 소소한 잘못을 먼저 지적하여 바로잡고 있다. 딸 매창이 번의 잘못을

대신 지적할 것을 미리 간파하고 있었던 듯 사임당은
매창의 말에 어떠한 말을 하지 않는다.

가족 구성원이 모여 함께 대화를 하는 과정에서 가
족상담가로서 어머니는 외부의 가족상담가보다 훨씬
지혜롭게 상담 과정을 이끌어 갈 수 있다. 사임당처럼
가족 내의 어머니는 자녀의 특성을 다른 어떤 상담가
보다 정확하고 깊이 있게 파악하고 있을 것이며, 이를
적용하여 상담을 한다면 더 효과 있는 가족상담이 될

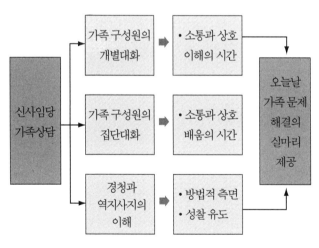

[그림 5-4] 신사임당의 가족상담

수 있을 것이다. 물론 가족상담가로서의 어머니는 사임당의 가족 구성원 개개인과 해 온 것처럼 가족상담의 일환으로서 개인상담을 함께 수행하여 가족 구성원의 성격과 특성을 미리 파악하고 있어야 한다. 이는 앞서 말했던 사임당의 상담 방법인 입지 상담, 어머니 품 상담, 인내평 상담을 곁들여야 하며, 더불어 가족상담 방법인 가족의 이야기에 경청하고, 역지사지의 태도로 이해하며 솔직한 소통을 거칠 때만이 가능한 것이다.

6

사임당 상담의 실천

1. 사임당 상담 실천을 위한 수행자의 삶

사임당의 삶의 모습을 살펴보면서 연구자가 추출한 사임당의 삶의 원리는 효의 실천, 자기계발을 통한 자아성취, 검소한 삶의 실천, 관계 지향적 삶, 자애와 지혜로 자녀 교육하기, 어머니로서의 리더십 발휘, 자연을 사랑하기 등이다. 사임당의 삶의 원리는 한 인간이 살아오면서 학문적·인격적으로 매우 높은 경지에 있을 때만이 성취할 수 있는 것들로 구성되어 있다. 이러한 삶의 원리를 실천할 수 있었던 사임당의 마음가짐을 불교 및 유교의 관점에서 살펴보면서 사임당 삶 자체가 매우 성스러우며 종교적 의미를 부여할 수 있을 정도로 수행자의 삶을 살았음을 확인할 수 있었다. 사임당이 자애와 깨달음에 기초한 삶을 지향하고, 평등사상에 기반을 둔 유교적 심성론에 입각한 삶을 살았으며, 그 삶 속에서 사임당의 삶의 원리는 더욱 빛날 수 있었다.

사임당의 삶과 대화, 그리고 행동에서 찾아낸 상담 이론은 사임당의 삶이 그러했던 것처럼 타인의 발전과 성장을 돕기에 충분하며 가족의 행복을 이끄는 견인차 역할을 할 수 있다. 사임당 상담의 핵심 내용인 입지 상담, 따스한 품 상담, 인내평 상담과 가족상담가로서의 상담가가 되기 위해서는 사임당이 살았던 삶의 방식처럼 수행가의 삶을 살아야 한다. 사임당 상담의 수행가의 길은 사임당의 삶의 원리를 닮기 위해 노력하는 동시에 사임당 상담의 핵심 내용을 청담자와 함께할 때는 물론 평소에도 실행할 수 있도록 노력하는 것을 의미한다. 사임당의 삶의 원리와 사임당 상담을 실행하기 위해 어떤 노력이 필요할지 자세하게 살펴보도록 하자.

먼저, 사임당 삶의 원리를 충분히 이해해야 한다. 앞서 간략히 살펴본 사임당의 삶을 여러 번 읽는 것은 기본이거니와 사임당의 삶을 깊이 있게 살펴보기 위해 사임당과 관련된 서적을 정독할 필요가 있다. 사임당의 일대기를 그린 위인전에서부터 사임당의 자녀 교육법 및 인생 교습서 등 사임당과 관련된 다양한 서적이 많이 있기 때문에 사임당 상담을 수행하고자 하는 상담가라면 꼭 읽어 볼 필요가 있다. 그 후 필자가 추출한 삶의 원리를 깊이 있게 음미하여 그 삶의 원리를 내면화하기 위해 노력해야 한다. 삶의 원리를 지적으로 이해하였다면 가슴으로도 그것의 깊이를 느끼고, 자신의 신념과 의지를 다시금 잡아가는 시간이 필요하다. 자신의 이해를 바탕으로 사임당의 삶 속에 품어져 있는 다른 삶의 원리도 찾아본다면 더욱 좋을 것이다.

삶의 원리에 대해 충분히 이해하였다면 그것을 실천

하기 위한 마음가짐을 형성하기 위해 노력해야 한다. 이를 위해 앞서 언급하였던 사임당의 마음가짐의 형태에 대해 종교적 흐름과 당시 시대 현실을 고려하면서 이해하기 위해 노력해야 한다. 우리 역사에 오랜 시간 영향을 미쳐 왔던 종교인 불교와 유교가 어떻게 사임당의 마음과 연계되어 있는지 앞서 살펴보았다. 사임당의 마음은 불교의 네 가지 진리인 사성제와 연결고리를 가지고 있으며, 동시에 아들이었던 율곡의 심성론의 형성에도 많은 영향을 미쳤다. 당시 백성들이 많이 믿었던 불교는 사임당을 비롯하여 많은 사람에게 영향을 미쳤으며, 유학 공부를 지속적으로 하였던 사임당은 유학의 내용에 자신의 사상을 더하여 아들인 율곡의 심성론 형성에 큰 영향을 주기도 하였다.

사임당의 삶의 원리도 그렇거니와 사임당의 마음가짐은 사임당 상담의 주춧돌이다. 사임당 상담의 실행 전 상담가는 사임당의 삶의 원리와 마음가짐을 항상 되새기고, 자신의 삶 속에 항상 살아 꿈틀되도록 만들어야 한다. 사임당 상담의 실천가는 사임당 상담이론을 간파해야 한다. 뿐만 아니라 상담이론이 제대로 상담 과정에서 표출되기 위해서 상담가는 자신의 삶 역시 사임당의 삶을 닮아가기 위해 노력해야 한다.

사임당의 삶의 원리를 닮아 웃어른을 존경하며, 아랫사람은 품에 안을 줄 알며, 가족의 소중함을 알아 항상 관계 개선에 노력하여야 한다. 자신의 삶에 대한 철학적 고민을 바탕으로 삶에 대한 뜻을 세우고 그것에 매진하여 자아성취를 이루어야 하며, 자신을 돌아보는 기회를 가지기 위해 노력해야 한다. 사임당은 학문과 그림 그리기, 글씨 쓰기를 통해 항상 마음을 갈고 닦았으며, 그 시간을 통해 자신을 성찰하고 반성하는 기회를 가졌다. 더욱이 평생을 세상의 진리와 지식을 배우기 위해 정진하는 삶을 살았다. 사임당 상담을 수행하는 상담가 역시 사임당의 삶을 본보기 삼아 자신의 삶을 항상 갈고닦는 상담가의 길을 가야 할 것이다.

2. 사임당 상담의 실행과 방향

사임당이 살아왔던 삶의 모습을 통해 우리는 사임당이 추구했던 삶의 원리를 추출했고, 사임당의 삶의 원리가 반영된 상담이론을 살펴보았다. 사임당의 상담이론인 입지 상담, 따스한 어머니 품 상담, 인내평 상담과 가족상담가로서의 소통의 모습은 사임당의 삶이 고스란히 녹아 있는 사임당만의 상담이며, 우리 역사 속에 우리의 상담이 존재하였음을 보여 주는 것이기도 하다. 사임당 상담은 매우 단순해 보이고 우리 사회에서 가치 있다고 여겨지는 내용으로 구성된 듯 보이지만 이 단순한 원리를 실천한다는 것은 매우 어려운 일이다.

첫 번째 사임당 상담인 입지 상담은 '뜻을 세운다.'는 기본적인 내용이지만 그것을 삶에 반영하기란 쉬운 일이 아니다. 이 글을 읽는 독자와 더불어 많은 사람이 자신의 꿈, 신념, 삶의 목표에 대해 질문을 받는다면 쉽사리 답하지 못하는 경우가 많을 것이다. 어느 누군가에게는 굳건한 신념과 삶의 목표가 있겠지만, 다른 누군가에게는 이것을 찾는 것이 가장 어려운 삶의 숙제일지도 모른다. 우리는 사임당의 입지 상담의 측면에서 우리의 자녀, 우리 옆에 있는 누군가의 삶의 목표를 정하고 그 의지를 바르게 세우도록 도와야 한다.

상담가 스스로도 자신의 뜻을 세우기 위해 많은 것을 경험해 보아야 하고, 세상을 바라보는 시각을 넓히기 위해 끝없이 공부해야 한다. 그 뒤 삶 속에서 만나는 사람들이 자신만의 입지를 세울 수 있도록 돕는 위치에 서게 된다면 입지 상담의 능력을 갖출 수 있게 되는 것이다. 사임당이 스스로 끝없이 학문의 길로 다그쳤던 것도 이 때문일 것이다. 더욱이 사임당은 자신뿐만 아니라 남편과 자녀들에게도 항상 입지를 강조하였고 입지를 통해 삶의 의미를 되새기도록 하였다.

뜻을 세운 후에도 그 뜻을 달성하기 위해 끝없이 노력하는 것은 당연하며, 그 뜻을 달성해 가는 과정에서 사임당은 따스한 품으로 사람들을 끌어안고, 모든 사람을 평등하게 대할 것을 주문하고 있다. 따스한 품으로 사람들을 감싸 안는다는 것은 기존의 공감과 수용의 개념을 뛰어넘어 모든 이를 나의 자녀처럼 느끼면서 사랑과 안타까워하는 마음으로 포용하는 것을 의미한다. 이를 위해 상담가는 삶을 통해 항상 더 넓은 마음 자세와 관용의 마음을 가지기 위해 노력해야 한다. 청담자를 따스한 품으로 안을 수 있는 도량이 있되 그것은 또한 사임당의 인내평 사상에 따라 모든 사람을 평등하게 대하여야 한다. 상담자와 청담자의 평등, 청담자가 갈등을 유발하는 사람 간의 평등은 상담이 진행되는 과정에서 상담자가 지켜야 할 규칙이며, 동시에 청담자가 배워야 할 중요한 덕목 중 하나다.

  삶을 살아가는 이유로서의 뜻을 세우고, 어머니의 따뜻한 품을 소유하며, 모든 사람을 평등하게 바라볼 수 있는 관점을 세운 상담가는 그 힘을 가족상담을 통해 가족 전체를 치유하는 가족상담가 역할을 수행하게 된다. 사임당이 했던 것처럼 상담가가 가족 구성원 중 부모라면 그 상담가는 자녀를 비롯하여 배우자, 배우자의 부모에 이르기까지 가족의 핵심 문제에 근접하며, 가족원들의 성격과 특성을 파악하면서 가족 구성원 개개인의 발전과 성장을 도울 것이다. 더불어 가족 전체의 행복과 서로의 관계 개선을 이끄는 역할도 충분히 수행하게 된다. 가족의 구성원이 아니더라도 상담가는 가족 구성원 전체를 상담하는 역할에서 나아가 사임당이 가족 내에서 수행했던 역할을 소개하고, 그 역할을 하도록 조언하고 도움으로써 청담자가 훌륭한 부모로서, 한 가족의 구성원으로서 성장하도록 도울 수 있다.

사임당의 삶의 원리로부터 추출한 사임당 상담의 실행은 우리 역사 속에 존재하던 우리 조상의 삶의 모습이며, 우리가 충분히 닮고 실행할 수 있는 요소들로 채워져 있다. 내용 자체도 매우 쉬울 뿐 아니라, 자녀 교육서, 각종 인생 서적들이 포함하고 있는 내용을 충실하게 담아내면서도 개인의 삶의 설계에서부터 가족 구성원과의 관계를 형성하고 나아가 타인과 행복한 삶을 구성하는 방법까지 내포하고 있다. 입지 상담을 통해 자신의 삶을 계획하고, 꾸려나갈 수 있다. 가족상담을 통해 가족의 행복을 도모하고, 어머니 같은 넓은 품으로 타인과 손을 잡을 수 있다. 인내평 사상을 통해서 나와 타인을 수평선에 놓고 서로의 갈등을 해결할 수 있는 출발점을 가지게 될 것이며, 동시에 타인의 입장에서 생각하는 힘을 얻게 될 것이다.

사임당 상담의 실행은 오늘날 문제시되고 있는 인성 교육의 부재를 해결하고, 꿈이 없어 방황하는 청소년들에게 나침반 역할을 할 것이며, 가족 해체 문제를 해결할 수 있는 상담법이 될 것이다. 우리는 우리 사회의 문제를 서양 이론에 기반을 둔 상담이론에서만 찾을 것이 아니라 우리 조상의 그늘에서 가능성을 찾아볼 필요가 있다.

우리의 땅에서 우리의 역사 속에서 조상들이 해 왔던 좋은 방법을 연구하고 탐구한다면 사임당이 우리에게 주는 교훈처럼 우리에게 많은 도움을 줄 수 있는 다양한 상담법과 이론을 찾아낼 수 있을 것이다. 사임당 상담의 실행은 사임당의 지혜를 빌려 우리의 삶을 더욱 풍성하고 기름지게 하는 밑거름이 될 것이다.

7

사임당 상담의 시사점

1. 동양상담의 존재와 가능성

저자들은 상담학에 입문하여 처음 동양상담을 접하였을 때 동양상담에 대해 두 가지 측면의 상반된 반응을 보였다. 한 가지는 서양상담에 익숙해 온 탓에 '동양상담이라는 것이 정말 존재할까?' 라는 의문이었고, 두 번째 생각은 '상담학계가 서양의 상담이론만을 공부하고 그것이 전부인 양 여기는 문제점에 대한 발견' 이었다.

상담학을 연구하고 공부하는 모든 사람은 번역되어 있는 서양의 상담 축어록을 처음 접할 때의 생소함을 기억할 것이다. 하지만 서양의 이론을 온전히 받아들여 그것을 이 땅에서 재생시키는 것이 당연시되고, 상담학도들은 그 번역의 틀을 당연시 여기며, 한국인에게는 다소 이상하게 들리는 상담 대화를 당연한 것처럼 반복하게 되는 것이 현실이었다. 상담은 서양의 틀을 빌려 하는 것이고, 서양의 이론을 바탕으로 서양의 방식을 따라하는 것이라 여기던 저자 중 한 사람은 어느 날 박성희 교수의 동양상담에 대한 글을 접하면서 동양상담의 존재를 인식하게 되었다.

　박성희 교수 및 동양상담을 연구한 연구자들이 집필한 동양상담 시리즈는 동양철학의 바탕이 되어 오던 불교로부터 동양상담의 연구 방법론, 일본의 모리타 상담과 나리타 상담을 소개하고 있다. 큰 틀에서 동양을 중심으로 한 상담에 대해 연구하던 흐름은 더 미시적으로 한국에 초점을 맞추어 한국 역사 속 상담의 뿌리를 찾는 작업으로 발전하였다. 한국의 역사 속 인물들의 삶과 학문으로부터도 상담이론을 구축하는 작업을 통해 연암 박지원의 삶에서 추출한 상담이론과 다산 정약용의 삶과 학문에서 추출한 다산 상담이 한국 상담의 대표작으로써 출간되었다.

신사임당 상담은 한국 역사 속 가장 존경받는 여성 위인으로서의 사임당, 유학의 영향을 많이 받았던 우리 역사 속 현모양처 이미지의 온상이며, 지혜롭고 자애로운 어머니의 표상으로 여겨지는 사임당의 삶을 되돌아보면서 그 삶 속에 존재하는 상담의 원리를 추출하여 상담 이론화하는 것을 목표로 하고 있다. 이는 상담의 정의와 한국의 역사가 맞물린 작업이라고 볼 수 있다.

상담이 대화를 통해 인간의 성장을 돕는 과정(박성희, 2009)이라면 우리 역사에 이러한 모습은 존재해 왔음을 부정할 수 없을 것이다. 이는 동양상담의 가능성이며 한국상담의 존재에 당위성을 부여한다. 따라서 한국 역사 속에 상담의 존재를 확인하고, 우리 민족에게 맞는 상담이론을 정립해 나가야 한다.

칼 융이 언급했던 집단적 무의식은 일정한 사회 구

성원의 심리적·정서적 유대감에 근거하여 일반화되어 있는 무의식이 존재한다는 것이다(Ann Casement, 2007). 한국인에게 한국인만의 정서와 무의식이 존재하며 한국인이 청담자라면 그에 적합한 한국상담이론을 기반으로 하여 상담을 진행할 때 더욱 효과가 있을 것이다.

기존에 연구되고 있는 서양상담과 더불어 동양 및 한국의 역사 속에 존재하였던 다양한 상담 장면, 상담 방법, 상담의 원리 등을 지속적으로 추출하여 동양상담이론을 축적해 간다면 우리는 비록 '상담'의 개념은 서양에서 빌려왔을지라도 우리 조상이 이미 시작하였고, 우리 내면에 존재하였던 우리만의 상담이론을 만들어 갈 수 있을 것이다. 이렇게 적립한 우리 전통상담이론은 우리의 정서와 가치관과 거리감이 적을 것이다. 따라서 우리 상담을 적용하여 상담 활동을 전개한다면 보다 효과적으로 개인의 발전과 성장을 돕게 될 것이다. 개인의 발전과 성장은 곧 우리 사회의 성숙으로 이어져 사회 발전의 밑거름이 될 것이다. 이 글을 읽는 독자라면 누구나 우리 상담이론의 형성이 곧 우리 사회의 청사진과 밀접하게 연계되어 있음을 알 수 있을 것이다.

상담의 바탕이 개인 내적 치유와 성장의 힘에 대한 믿음임을 알고 있듯이 필자들은 이 땅의 조상들에게도 그 힘이 존재하였고, 그 힘을 이끌어 주는 방법이 존재하였을 것이며, 과거의 한국인들로부터 현재의 한국인에게까지 이어 주는 집단적 무의식으로서의 내면 의식이 존재할 것이라는 것에 강한 신념을 가지고 있다. 그 내면 의식으로서의 상담, 그 내면 의식을 이끄는 조력의 과정으로서의 상담이 존재하였으며, 바로 그 존재로부터 동양상담, 더 나아가서는 한국상담의 가능성을 사임당을 통해 다시 한 번 확인하였다.

동양상담과 한국상담의 존재와 가능성의 입증은 상담학을 연구하는 학자들뿐만 아니라 현장에서 상담 활동에 매진하는 상담가, 그리고 상담을 통해 자신의 성숙과 발전을 이루려는 청담자 모두에게 매우 중요한 사안일 것이다. 우리는 상담학의 발전뿐만 아니라 이

땅에 살고 있는 상담이 필요한 사람들을 위해서라도 우리의 상담이론을 적립해 나가야 한다.

2. 현대인에게 주는 교훈

사임당 상담은 현대인에게 많은 시사점을 준다. 앞서 언급하였던 수행가로서의 삶의 모습에 대한 교훈, 동양상담의 존재와 가능성에 대한 시사점을 충분히 제시하고 있다. 사임당의 삶의 원리 자체가 현대인에게는 도덕적으로 바른 삶을 사는 길을 제시하고 있다는 점에서 그 삶의 모습을 배우기 위해 노력할 필요가 있다. 더불어 사임당 상담이 현대인에게 제시하는 교훈을 추가로 살펴보면 다음과 같다.

첫째로 인간관계 기술 획득 및 원만한 인간관계의 형성이다. 사임당이 실천했던 효, 자녀에 대한 자애로움, 남편에 대한 내조는 모두 가족이라는 테두리 안에서 만들어지는 인간관계를 유지하는 좋은 방법을 제시하고 있다. 사임당은 가족 구성원들과의 좋은 유대 관계를 기반으로 서로를 감싸 주고 지지해 주는 가족 분위기를 만들어 갔다. 오늘날 가족해체현상이 사회 문제가 되고 있는데, 사임당의 가족 간 신뢰를 만들던 비법을 배워 나간다면 많은 가족 문제를 해결할 수 있을 것이다. 행복한 가정을 만들었던 사임당의 비법은 바로 앞서 제시한 사임당 상담 안에 있다. 가족 관계뿐만 아니라 하인들과도 정을 기반으로 한 관계를 형성하였으며, 남성 중심의 사회에서 자신의 재능을 통해 남성들 사이에도 존중을 받았던 사임당은 조선시대에서 보기 드문 인간관계를 형성하고 있던 여인이었다.

사임당의 인간관계 형성은 사임당 상담의 바탕이 되었던 동양철학에 대한 이해를 통해 인간에 대한 폭넓은 시각을 확보하고 있었다는 점과 사임당 상담의 인내평 상담과 따스한 품 상담의 실천을 통해 가능하였다. 모든 사람을 평등하게 대하고, 나의 자녀처럼 따스하게 품에 안아 주는 어머니의 모습을 연상하게 하는 사임당의 대화법은 많은 사람을 감동하게 만들고, 깊은 인상을 주기에 충분하다. 오늘을 사는 현대인 역시 간단한 듯 보이는 사임당 상담을 통해 많은 사람과 인격적인 만남을 형성할 수 있을 것이다.

사임당 상담의 또 다른 교훈은 긍정적 · 미래 지향적인 삶의 모습에 있다. 사임당의 삶을 통해 추출한 삶의 원리에서 어머니로서의 리더십을 발휘하는 모습과 자아성취를 향한 사임당의 열망은 미래 사회가 요구하는 인재의 핵심 요소라 할 수 있다. 타인과의 관계에서 자신의 생각을 관철시키고, 타인을 바르게 이끌며, 나아가 한 조직을 이끌어 가는 지도자의 모습을 필자는 사임당의 삶에서 발견하였다.

비록 조선시대의 상황적 한계로 사임당의 리더십은 가정을 이끄는 데 한정되어 있었지만, 그 리더십을 통해 한 가정이 행복하였고 남편의 성공은 물론 자녀를 대학자로 길러 내는 큰 성취를 이루기도 하였다. 사임당의 리더십은 타인과 조직을 이끄는 역할만 한 것이 아니라 자기 자신의 삶을 이끌어 가는 역할도 하였다. 사임당은 학문을 통해 자신을 끊임없이 수행하고, 그림과 글을 쓰는 행위를 통해 자아성취를 확인해 가는 인물이었다. 멀리 떨어져 있는 부모가 그리울 때면 한시(漢詩)를 통해 마음을 달래는 한편 자신의 성취물을 만들어 가는 여성이었다. 사임당의 자아성취에 대한 열망은 삶의 주인으로서 개인의 자아실현을 강조하는 현대사회의 관점과 일맥상통한다. 더욱이 미래 사회는 개인의 자아실현을 더욱 강조할 것이며, 사임당의 삶의 모습은 미래 사회의 지도자로서의 삶을 보여 주는 거울이라고 할 수 있다.

특히 사임당 상담 중 입지 상담은 한 개인의 삶의 목표를 정하도록 도와주는 상담이라는 측면에서 자아실현의 가능성을 열어 준다. 또한 집단 측면에서 입지 상담을 적용한다면 집단의 발전을 이끄는 지도자의 역할을 충분히 해 낼 수 있을 것이다. 미래를 향한 힘찬 발걸음의 시작이 사임당 상담과 함께하면 더 가벼울 것이다.

3. 교육으로서의 상담의 역할 제시

사임당은 중국의 맹자 어머니처럼 한국의 역사 속에서 존경받는 어머니상이라는 점을 부정할 사람은 없을 것이다. 한국 사회에서 최고액 지폐의 인물로 선정될 정도로 사회적으로 인정받고 있는 인물이다. 사임당은 딸, 며느리, 아내로서 모든 사람의 존경을 받을 만한 언행을 실천하였다. 오늘날까지 사임당이 이렇게 존경받는 이유 중 첫째가 바로 어머니로서 자녀에 대한 사랑을 베풀고, 바른 교육으로 이끌었다는 점이다. 사임당의 자녀 교육의 성과는 사임당의 삶의 모습에서 살펴보았듯이 사임당의 여러 삶의 단면을 통해 원인을 분석할 수 있다.

사임당의 삶의 원리에서 보듯이 사임당은 자아성취에 대한 열망이 높았고, 자신의 자아성취를 위해 항상 노력하였다. 사임당은 많은 가정일로 시간이 없어도 밤이면 호롱불 아래서 책을 보고, 그림을 그렸으며, 글씨를 쓰며 자신의 존재를 느꼈다. 어머니의 이런 솔선수범은 자녀들 역시 그러한 삶을 당연하게 받아들이고 본받아 바른 교육의 기초를 쌓게 했다. 하지만 주변인이 모범을 보인다 하여 모두가 이를 보고 배우는 것은 아니다. 사임당에게는 다른 비법이 있었는데, 바로 필자들이 연구한 사임당 상담이 바로 그 비법이다.

사임당은 인내평 상담을 통해 비록 나이가 어린 자녀들일지라도 자신과 평등한 입장에서 존중하고 함께 대화를 하였다. 존중 받는 자녀들은 타인을 존중한다는 것의 가치를 알고 그 존중을 실천하였으며, 신분과 나이를 뛰어넘어 모든 사람을 평등하게 대하고자 하였다.

사임당의 따스한 품 상담은 자녀들이 잘못을 하더라도 따뜻하게 감싸 주며 항상 믿어 주고 용기를 다시 북돋아주는 역할을 하였다. 사임당의 가족상담은 가족구성원 간에 유대 관계를 돈독히 해 주고, 행복한 가정 분위기를 만들었다. 사임당 상담은 자녀들의 안정된 정서를 형성하는 기반이 되며, 부모와 자녀 간에 인격적 만남을 통한 소통의 폭을 넓혀 서로를 이해할 수 있도록 한다. 서로 신뢰하고 의지하는 부모와 자녀 간의 관계, 자녀들 간의 관계는 자녀들의 교육 활동의 주춧돌이 된다. 자녀들은 따뜻한 가정환경 속에 자신의 자기계발을 위한 목표를 설정하고 그것을 향해 나아가게 된다.

자신의 삶의 목표를 설정하는 과정에서 사임당의 입지 상담은 핵심적인 역할을 한다. 자신의 뜻을 살피고, 그 뜻을 밝히며, 그 뜻을 향해 수양하는 삶을 살아가게 되는 것이다. 사임당 상담은 인간관계의 방법에서부터 가정을 화평하게 만들어 가는 방법, 나아가 자신의 삶을 이끌어 가는 원천을 형성하는 방법까지 폭넓게 다루는 상담이다.

상담이 인간을 성장으로 이끄는 도움의 과정이라면, 상담은 교육의 한 방법이라고 해도 큰 문제는 없을 것이다. 다르게 생각해 보면 상담은 인성교육을 위해 반드시 필요한 것이며, 상담이 없는 인성교육은 존재할 수 없다. 인격적으로 성숙한 상담가와의 대화를 통해 청담자는 자신의 인격의 부족한 부분을 발견하게 될 것이며 그 부분을 채워 나가게 될 것이다. 사임당 상담은 인내평 상담, 따스한 품 상담, 사임당의 가족상담을 통해 정서적 안정과 인격을 채워 나가도록 도움을 준다.

입지 상담을 따르면 자신의 뜻을 세워 자아성취를 이루게 된다. 이는 현재 교육이 추구하는 인성교육과 진로교육의 측면이 반영되어 있다. 진로교육 측면에서 개인은 자신의 삶의 목표를 설정하기 위해 다양한 활동에 적극적으로 참여하며 앞으로의 자신의 삶에 대한 구상도를 그려 나갈 것이다. 인성교육 측면에서는 타인과의 관계를 개선해 나가고, 타인을 평등하게 존중하며 많은 사람을 포용할 수 있는 넓은 관용을 가지는 성숙한 인간을 만들게 된다. 사임당 상담을 교육 활동에 적용한다면 우리는 보다 효과적인 교육 성과를 만들어 갈 수 있을 것이다.

8

맺음말

이 글은 신사임당의 삶을 분석하여 그녀를 이끌어 간 삶의 원리를 확인하고 그 속에서 상담 요소를 추출한 후 입지 상담, 따스한 품 상담, 인내평 상담, 가족상담 등 네 가지로 사임당 상담의 특징을 정리하였다. 연구를 시작할 때 예상한 바이지만 신사임당이 보여 준 삶은 학문적으로나 인격적으로 매우 높은 경지에 있는 자만이 성취할 수 있는 수준 높은 것이었다.

사임당 상담은 입지 상담을 통해 자신의 뜻을 세우는 것에서 시작한다. 뜻이 있는 곳에 길이 있다는 말이 있듯이 뜻을 세우는 일은 모든 일을 하는 출발점으로서 매우 중요하다. 하지만 뜻을 세우기는 말처럼 그리 쉽지 않다. 자신의 꿈이나 신념, 삶의 목표에 대하여 뚜렷하게 대답할 수 있는 사람이 많지 않다는 점이 이런 사실을 말해 준다. 따라서 사람들이 스스로 뜻을 세우고 이를 실현하게 돕는 일은 상담자로서 매우 의미 있는 일이다. 이런 일을 잘하기 위해 상담자 스스로도 많은 것을 경험하고 세상을 바라보는 시각을 넓히는 공부를 끝없이 이어가야 한다.

사임당 상담은 상담자 스스로 자신의 입지를 실천하고, 청담자의 입지를 이끌기 위해 따스한 품으로 사람들을 끌어안으며, 모든 사람을 평등하게 대할 것을 요구한다. 따스한 품으로 사람들을 감싸 안는다는 것은 기존의 공감과 수용의 개념을 뛰어넘어 모든 이를 자신의 자녀처럼 대하면서 사랑과 안타까워하는 마음으로 포용한다는 뜻이다. 이를 위해 상담가는 항상 관용하는 넓은 마음을 가지려고 노력해야 한다. 또한 사임당 상담자는 청담자를 따스한 품으로 안되 인내평(人內平) 사상에 따라 모든 사람을 평등하게 대해야 한다.

상담자와 청담자의 평등, 청담자들 사이의 평등은 상담이 진행되는 과정에서 상담자가 지켜야 할 규칙이며, 동시에 청담자가 배워야 할 중요한 덕목 중 하나다. 입지 상담에서 시작하여, 따스한 품으로 감싸 안고, 모든 사람을 평등하게 대하는 인내평을 실천하는 사임당 상담은 가족에서부터 적용되어야 한다. 그리하여 가족은 사임당 상담이 실천되는 첫 번째 장소이면서 동시에 사임당 상담을 완성하는 곳이기도 하다. 사람들의 마음의 상처가 시작되는 곳이 가족이라는 점을 생각하면 사임당 상담이 가족상담에 중점을 둘 수밖에 없는 이유를 충분히 짐작할 수 있다.

사임당의 삶의 원리에서 추출한 사임당 상담은 우리 역사 속에 존재하던 우리 조상들의 삶의 모습이며, 우리가 충분히 닮고 실행할 수 있는 요소들로 채워져 있다. 내용 자체도 쉬울 뿐 아니라 자녀 교육 서적, 각종 인생 서적들이 포함하고 있는 내용을 충실하게 담아내면서도 개인의 삶의 설계에서부터 가족 구성원과 화목한 관계를 형성하고, 나아가 타인과 행복하게 더불어 사는 방법까지 내포하고 있다. 입지 상담을 통해 자신의 삶을 계획하고 꾸려 나가며, 가족상담을 통해 가족의 행복을 도모하고, 어머니 같은 넓은 품으로 타인과 손을 잡을 수 있다. 인내평 상담을 통해서 자신과 타인을 수평선에 놓고 서로의 갈등을 해결할 수 있는 출발점을 가지게 될 것이며, 동시에 타인의 입장에서 생각하는 힘을 얻게 될 것이다.

사임당 상담의 실행은 오늘날 문제시되는 인성교육의 부재를 해결하고, 꿈이 없어 방황하는 청소년의 나침반 역할을 할 것이며, 가족 해체 문제를 해결하는 데 도움을 줄 수 있을 것이다. 이제 우리 사회의 문제를 진단하고 해결하는 방법을 서양의 상담이론뿐 아니라 우리 조상들의 삶 속에서 찾아볼 필요가 있다. 사임당 상담은 그 대표적인 예다. 사임당 상담의 실행은 사임당의 지혜를 빌려 우리의 삶을 더욱 풍성하고 기름지게 하는 밑거름이 될 것이다.

신사임당의 삶 속에 녹아 있는 상담학적 요소를 추출하는 작업은 우리 상담의 토대를 구축하는 작은 일에 지나지 않는다. 하지만 그 작은 작업이 모여 마침내 우리만의 거대한 상담이론을 구축할 수 있을 것이다. 지금도 동양상담과 한국상담의 정립을 위하여 구슬땀을 흘리는 대학원생 및 상담학도들에게 고마움을 표하고 싶다. 이 땀방울이 모여 동양상담학을 구축하고 나아가 동서양을 융합하는 상담학의 거대 담론을 형성하는 날이 오기를 간절히 바라며 글을 마친다.

| 참고문헌 |

곽신환(2008). 율곡의 주자학적 진리의 擔持와 實心의 철학. 율곡학회, **율곡사상연구**, 17권, pp. 5-25.

김명희(1999). 허난설헌과 신사임당의 모성성 연구. **강남대학교 논문집 제3집.**

김유숙(2006). **가족상담.** 서울: 학지사.

노유진(2009). **신사임당의 어머니 리더십.** 서울: W미디어.

박성희(2004). **상담학 연구방법론.** 서울: 학지사.

박성희(2007). **동화로 열어가는 상담 이야기-수용과 공감의 지혜.** 서울: 이너북스.

박성희(2008). **고전에서 상담 지식 추출하기.** 서울: 학지사.

박성희(2008). **공감.** 서울: 이너북스.

손병석(1999). 폴리스는 자연적 존재인가? 철학연구회, **철학연구**, 제44권, pp. 167-191.

손인수(1997). 신사임당과 율곡의 교육윤리관. 율곡연구원, **율곡사상연구**, 3권, pp. 325-345.

손인수(1976). 신사임당의 생애와 교훈. 한국교원대학교.

안 영(2008). **대한민국여성 No. 1 신사임당.** 서울: 위즈앤비즈.

이금종(1999). 초등교사와 학부모의 인성교육에 대한 인지 정도에 관한 연구. 경기대학교 교육대학원.

이숙인(2003). 전통 담론을 통해 본 교육과 어머니. 동아시아학
술원 유교문화연구소.

이이 지음, 임동석 옮김(2011). **율곡 선생 글모음**. 서울: 을유문
화사.

이은선(2005). 페미니즘 시대에 신사임당 새로 보기. 세종대학
교 동양철학연구회.

장정예(2009). **신사임당**. 서울: 파랑새.

정문교(1995). 신사임당의 생애와 유훈. 율곡연구원, **율곡학보**,
1권, pp. 69-84.

조정숙(1985). 모성이데올로기에 관한 연구. 이화여자대학교
대학원.

천화숙(2006). 조선시대 여성들의 삶과 신사임당. **역사실학회**,
실학사상-연구, 31권, pp. 153-176.

최일범(2010). 율곡 이이의 심성론에 대한 연구. **퇴계학연구원**,
퇴계학보, 128권, pp. 61-88.

Ann Casement 지음, 박현순·이창익 옮김(2007). **분석심리학
의 창시자 칼 융**. 서울: 학지사.

오강남(2006), **불교, 이웃종교로 읽다**. 서울: 현암사

유권종(2014), 마음에 관한 연구와 상호문화 이해의 확산.
철학탐구 제35집, pp. 11-31.

유권종·최상진(2003). 한국인의 내면에 형상화된 '마음'-한
국인의 마음 모델 구성을 위한 기초 연구. 동양철학연구회,
동양철학연구 34권. pp. 125-151.

정미정, 박성희(2010). **연암과 상담**. 서울: 학지사.

저자 소개

권정현

1982년 충북 출생
청주교육대학교 초등교육과 졸업
청주교육대학교 초등상담학 석사

[저서와 역서]
직지 탐구활동으로 떠나는 과학여행(충청북도교육청, 2013)
소통, 공감 치유의 학급운영 원격연수강의(카운피아, 2014~)
초등 환경교육 장학자료(충청북도교육청, 2014)

[수 상]
교육분야 생활공감정책 제안 교육감 표창(2010)
경제교육우수사례 생활보험협회 회장 우수상(2010)
한국교원총연합회장 지도교사상(2011)
Junior English Contents UCC Contest 아리랑TV & 라디오 은상(2011)
충북건축문화제 학생지도 교육감 상장(2012)
학생발명아이디어경진대회 청주상공회의소 공로상(2013)
음성인교육대상 교육장 표창(2013)
전국과학전람회 학생지도논문대회 교육부장관 우수상(2013)
전국과학전람회 교원작품 환경부장관 특상(2014)
전국과학전시품아이디어경진대회 국립중앙과학관장 상장(2014)

박성희

1957년 서울 출생
서울대학교 사범대학 교육학과 졸업
서울대학교 대학원 교육학과 교육상담학 박사
한국행동과학연구소 상담실 책임연구원
미국 위스콘신 대학교 상담학과 객원교수
캐나다 브리티시 컬럼비아 대학교 상담학과(ECPS) 객원교수
한국상담학회 수련감독사
현) 청주교육대학교 초등교육학과 교수

[저서와 역서]
담임이 이끌어 가는 학급상담(학지사, 2006)
한국형 초등학교 생활지도와 상담(공저, 학지사, 2006)
꾸중을 꾸중답게, 칭찬을 칭찬답게(학지사, 2005)
초등학교 현장 상담대화기법 동영상 CD 프로그램(학지사, 2005)
공감학: 어제와 오늘(학지사, 2004)
상담학 연구방법론: 사회과학 연구방법의 새로운 지평(학지사, 2004)
상담의 도구(대한민국학술원선정 우수도서, 공저, 학지사, 2002)
동화로 열어가는 상담이야기(학지사, 2001)
상담의 새로운 패러다임(대한민국학술원선정 우수도서, 학지사, 2001)
상담의 실제(대한민국학술원선정 우수도서, 공저, 학지사, 2001)
새내기 상담가를 위한 상담과 심리치료(공저, 교육과학사, 2000)
공감과 친사회행동(문음사, 1997)
사람들의 행동을 변화시키는 특이한 방법들(역, 양서원, 1995)

[수 상]
대한민국학술원선정 우수도서(2003)
제12회 한국교육학회 학술상 수상(2006)
제14회 삼천리자전거배 전국산악자전거대회 초급 마스타부 우승
제2회 봉화춘양목송이배 전국산악자전거대회 초급 마스타부 우승

동양상담학 시리즈 14

신사임당과 상담

2015년 10월 20일 1판 1쇄 인쇄
2015년 10월 30일 1판 1쇄 발행

지은이 • 권정현 · 박성희
펴낸이 • 김진환
펴낸곳 • (주) **학지사**

      121-838 서울특별시 마포구 양화로 15길 20 마인드월드빌딩
대표전화 • 02)330-5114   팩스 • 02)324-2345
등록번호 • 제313-2006-000265호

홈페이지 • http://www.hakjisa.co.kr
페이스북 • http://www.facebook.com/hakjisa

ISBN | 978-89-997-0810-7 94180

     978-89-5891-400-6 (set)

정가 9,000원

이 도서의 국립중앙도서관 출판시도서목록(CIP)은 서지정보유통지
원시스템 홈페이지(http://seoji.nl.go.kr)와 국가자료공동목록시스템
(http://www.nl.go.kr/kolisnet)에서 이용하실 수 있습니다.
(CIP제어번호: CIP2015024762)